ZHONGWAI MINGREN MINGYAN

中外名人名言

鸿恩 主编

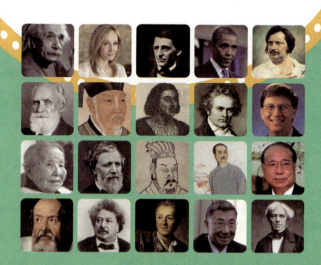

江西美术出版社
全国百佳出版单位

图书在版编目（CIP）数据

中外名人名言 / 鸿恩主编 . -- 南昌 : 江西美术出版社 , 2017.1（2021.11 重印）
（学生课外必读书系）
ISBN 978-7-5480-4936-4

Ⅰ . ①中… Ⅱ . ①鸿… Ⅲ . ①格言—世界—少儿读物 Ⅳ . ① H033.3-49

中国版本图书馆 CIP 数据核字（2016）第 258379 号

出品人：汤 华	**江西美术出版社邮购部**
责任编辑：刘 芳 廖 静 陈 军 刘霄汉	联系人：熊 妮
责任印制：谭 勖	电话：0791-86565703
书籍设计：韩 立 吴秀侠	QQ：3281768056

学生课外必读书系

中外名人名言　　鸿恩　主编
出版：江西美术出版社
社址：南昌市子安路66号
邮编：330025
电话：0791-86566274
发行：010-58815874
印刷：北京市松源印刷有限公司
版次：2017年1月第1版　2021年11月第2版
印次：2021年11月第2次印刷
开本：680mm×930mm　1/16
印张：10
ISBN 978-7-5480-4936-4
定价：29.80元

　　名人名言是岁月沉淀下来的宝贵财富和稀有智慧，也是名人成功经验的提炼和人生感悟的浓缩，字字珠玑，句句精华。一句睿语，足以让读者茅塞顿开；一席良言，足以让读者精神振奋。

　　成长路上，几乎每一位学生朋友都会遇到各种各样、大大小小的迷茫与挫折，当你翻到《中外名人名言》的时候，当你与一两句名言邂逅的时候，或许还能帮你打开心中千千结，驱散内心的阴霾，让你在以后的每一步都走得更坚定、踏实。

　　基于上述的体悟，我们在甄选名言时，全面网罗了古今中外各个领域知名人物的肺腑之言。在内容选择上，为学生所用之考虑，用心选择那些流通很广的，即通俗的、容易被引用的名言；兼及具有实用价值的名言，即对学生具有明显的启发作用。此外，对名言所传达的情绪是否正面、积极这一点，也进行了严格的筛查。

　　由于更重视它的实用性，因此在本书的体例上，我们颇下了些功夫。在名人名言集锦中还设置了"名人故事""名人介绍"等栏目，帮助读者开阔视野，增长知识，更好地理解名人名言的内涵。

　　本书每一部分都有意精选现当代名人名言，涉及社会各个领域，使本书

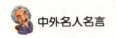

具有强烈的时代气息。此外，书中随处穿插与名人相关的图片均具有较强的资料性，让整本书翻阅起来有更浓的阅读气氛。

你的语言是不是没有说服力？你的作文是不是经常无话可说？从阅读《中外名人名言》开始，积累素材，让你更好地说与写。

MULU

目录

成长·励志篇

个 性...................1

青 春...................5

勇 气...................9

兴 趣...................14

挑 战...................18

习 惯...................21

自 信...................25

道德·修养篇

自 尊...................28

善 良...................30

节 俭...................34

爱 国...................38

坚 强...................42

奉 献...................44

修 养...................47

谦 虚...................51

生活·情感篇

亲 情...................54

友 情...................56

快 乐...................60

烦 恼...................63

健 康...................66

生 活...................69

运 动...................73

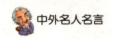

学习·求知篇

学习 76

科学 80

创新 83

求知 86

创造 90

思考 92

读书 96

为人·处世篇

诚信 101

团结 105

幽默 107

正义 109

尊重 111

真诚 115

人生·理想篇

生命 118

希望 123

人生 127

恒心 130

行动 134

财富 138

成功 143

立志 148

成长·励志篇

个 性

你就是你现在这个人

一个人应该在自己灵魂深处树立一根标杆，从而把自己个性中与众不同的东西汇集在他的周围，显示出自己鲜明的特点。

——高尔基

每个人都是他自己个性的工程师。

——威尔逊

你可以相信一座山移动了位置，却不必去相信一个人改变了自己的个性。

——阿拉伯谚语

每个人的个性都有它自己的一套，理智也会被它牵着鼻子走。

——索尔·贝娄

人们生而平等，但又生来各有千秋。

——弗洛姆

每个人都有他隐藏的精华，和别人的精华不同，它使人具有自己的气味。

——罗曼·罗兰

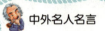

纪伯伦

纪伯伦（1883—1931），被称为"艺术天才""黎巴嫩文坛骄子"，是阿拉伯现代小说、艺术和散文的主要奠基人，20世纪阿拉伯新文学道路的开拓者之一。

世界虽大，也容不下两个在各方面都完全相同的人。

——纪伯伦

很难从一棵树上找到形状完全一样的两片叶子，也很难从一千个人中找到在思想感情上完全协调的两个人。

——歌德

你有你的思想，我有我的思想。

——纪伯伦

一般来说，一个人的个性可能不合于"潮流"，却合于生活。为了追赶"潮流"而改变自己的个性，那不过是做了一篇虚情假意的"文章"。

——汪国真

凡是属于一个人的东西，即使他把它扔掉也无法与他脱掉干系。

——歌德

凡是压毁人个性的都是专制，不管它叫什么名字，也不论它自称是执行上帝的意志还是自称是执行人们的命令。

——穆勒

保持自身的个性

每个人都是他自己个性的工程师。

——布特曼

在令人厌倦的旅途上，一个性格开朗的伙伴胜过一乘轿子。

——查尔斯·里德

没有个性，人类的伟大就不存在了。

——让·保尔

不管以什么名义，毁灭个性的做法就是专制。

——穆勒

人并不是"一般地"存在着……他的性格、气质、天资和性情正是他区别于其他人的地方。

——艾瑞克·弗洛姆

人在很多情况下不仅不同于别人，而且在各时期中的自我也是各异的。

——布莱士·帕斯卡

一个人没有了个性，便失去了自己。生活中一味地模仿之所以不可为，原因之一就在于它抹杀了个性。

——汪国真

一个人的个性应该像岩石一样坚固，因为所有的东西都建筑在它的上面。

——屠格涅夫

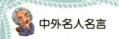

个性和魅力是学不来、装不成的。

——海因里希·伯尔

完善自己的个性

尽力"成为某一个人"是没有用处的，你就是你现在这个人。

——马克斯威尔·马尔兹

狭隘的人总是想扼杀别人的个性；软弱的人随意改变自己的个性；坚强的人自然坦露真实的个性。

——汪国真

个性像白纸，一经污染，便永不能再如以前洁白。

——黑格尔

个性的全面发展意味着精神丰富、道德纯洁和体魄完美在个性中的和谐结合。

——赞可夫

良好的个性胜过卓越的才智。

——爱迪生

没有个性，不是一个好的艺术家；仅有个性，也不是一个好的艺术家。

——汪国真

人一生的任务恰恰是既要实现自己的个性，同时又要超越自己的个性。

——弗洛姆

要测量一个人的真实个性，只需观察他认为无人发现时的所作所为。

——麦考莱

不要无事讨烦恼，不做无谓的希求，不做无端的伤感，而要奋勉自强，保持自己的个性。

——德莱塞

过于卓越的性格往往难以容身于社会生活之中，因此我们不带金块而带小额款项去市场。

——尚福尔

一个人的个性应该像岩石一样坚固，因为所有的东西都建筑在它上面。

——屠格涅夫

一个人的悲剧，往往是个性造成的；一个家庭的悲剧，更往往是个性的产物。

——柏杨

青春

青春是可贵的

年轻人欠缺经验，但请不要忘记：年轻是你最大的本钱。

——比尔·盖茨

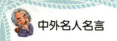

长大了以后，你才会知道，在蓦然回首的刹那，没有怨恨的青春才会了无遗憾，如山冈上那静静的满月。

——席慕蓉

没有同青春的丧失同样重大的丧失。

——恩格勒

青春是生命中最美好的一段时间。

——黑格尔

青春是为一生奠定基础的时期。

——池田大作

我始终记住：青春是美丽的东西，而且对我来说它永远是鼓舞的源泉。

——巴金

青春是美妙的，挥霍青春就是犯罪。

——萧伯纳

人生的最大悲痛莫过于辜负青春。

——薄伽丘

青春须早为，岂能长少年。

——孟郊

让青春放出光彩

年轻时是我们唯一拥有权利去编织梦想的时光。

——李嘉诚

青春的魅力，应当叫枯枝长出鲜果，沙漠布满森林。

——郭小川

青春在它即将逝去的时候最有魅力。

——塞涅卡

青年人充满活力，像春水一样丰富。

——拜伦

青春的朝气和前进不已的好奇心若消失，人生就没有意义了。

——穆勒

青年时种下什么，老年时就收获什么。

——易卜生

要做一番伟大的事业，总得在青年时代开始。

——歌德

啊，青春，青春！或许你美妙的全部奥秘不在于能够做出一切，而在于希望做出一切。

——屠格涅夫

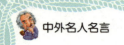

如果自己的青春不放出光彩，任何东西都会失去魅力。

——洛威尔

当青春的光彩渐渐消逝，永不衰老的内在个性却在一个人的脸上和眼睛上更加明显地表露出来，好像是在同一地方久住了的结果。

——泰戈尔

等青春轻飘的烟雾把少年的欢乐袅袅曳去，之后，我们就能取得一切值得吸取的东西。

——普希金

延续青春的心

谁能保持永远的青春，谁便是伟大的人。

——郭沫若

青年是多么美丽！发光发热，充满了彩色与幻梦，是书的第一章，是永无终结的故事。

——朗费罗

青春是不耐久藏的东西。

——莎士比亚

如果说青春也有缺点，那就是它消失得太快。

——洛威尔

谁能把青春保持到老年，不让自己的心灵冷却、变硬、僵化，谁就是幸福的人。

——别林斯基

青春是人生最快乐的时光，这种快乐往往是因为它充满着希望。

——卡莱尔

青春是一种持续的陶醉，是理智的狂热。

——拉罗什富科

保持一生健壮的真正方法是延长青春的心。

——威尔基·科林斯

青春是人生之花，是生命的自然表现。

——池田大作

青春之所以幸福，就因为它有前途。

——果戈理

勇气

勇气是人类最重要的特质

勇敢的人随遇而安，所到之处都是故乡。

——马辛杰·菲利普

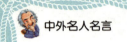

正义的路是崎岖的路，它只欢迎勇敢的人。

——郭沫若

无畏的人面前才有路。

——有岛武郎

胜者靠的是勇气而不是力量。

——高尔基

勇者并不是蛮勇之谓。凡见义不为为非勇，欺凌弱小为非勇，贪图便宜、使乖取巧、自私自利皆为非勇。

——郁达夫

邹韬奋

邹韬奋（1895—1944），中国卓越的新闻记者、政论家、出版家。2009年9月14日，他被评为100位为新中国成立做出突出贡献的英雄模范之一。

由大智中产生大勇，由理解中加强信念，才是最坚毅的大勇与最坚强的信心。

——邹韬奋

勇气是人类最重要的一种特质，倘若有了勇气，人类其他的特质自然也就具备了。

——丘吉尔

勇敢的人可用生命冒险，但不以良心冒险。

——席勒

勇气很有理由被当作人类德行之首，因为这种德行保护了其余的德行。

——丘吉尔

最坚强的人是能够忍受最大孤独寂寞的人。

——易卜生

见义不为，非勇也。

——孔子

临危不怯就等于在战场上赢得了一半胜利。

——普拉图斯

在大胆的行为面前，议论和争辩显得如此贫乏可怜。

——惠特曼

克服恐惧、战胜恐惧即是勇气

敢于正视现实是有胆量的表现。

——爱默生

害怕，这是我们唯一应该害怕的东西。

——罗斯福

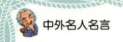

真正勇敢的人，应当能够智慧地忍受最难堪的屈辱，不以身外的荣辱介怀，用息事宁人的态度避免无谓的横祸。

——莎士比亚

大胆的见解就好比下棋时移动一个棋子：它可能被吃掉，但它却是胜局的起点。

——歌德

在胆小怕事和优柔寡断的人眼里，一切事情都是不可能办到的，因为乍看上去似乎确实如此。

——沃尔特·司各特

勇气几乎是一个矛盾的概念，它以时刻准备牺牲自己的形式表示强烈的生存欲望。

——切斯顿特

极其重大的第一条戒律：别让敌人把你吓坏了。

——艾略特

如果一个人从未经历过危险，我们不能担保他有勇气。

——拉罗什富科

当我们勇敢的时候，我们并不如此想，我们一点也不认为自己是勇敢的。

——尼采

勇敢并非没有恐惧，而是克服恐惧，战胜恐惧。

——马克·吐温

如果没有改造自我并进而改造自己境遇的态度和勇气，就不能成为一个排忧解难的人。

——池田大作

我们若习于蔑视危险而抗拒它，遂变为勇敢；既变勇敢以后，又更能冒险。

——亚里士多德

梦想的实现需要勇气去追求

凡是天性刚强的人，必定有自强不息的力量。

——罗曼·罗兰

在劳动和创造的领域里，我们不要担心大胆鲁莽。

——高尔基

一切梦想都能实现，只要我们有勇气追求。

——沃尔特·迪士尼

人只有鼓起勇气，告别海岸，才能发现新的海洋。

——安德烈·纪德

既然他有勇气去死，他应该也有勇气去斗争；不接受苦难不是力量的表现，而是懦弱的表现。

——巴尔扎克

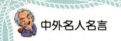
不入虎穴，焉得虎子。

——班超

一切都需以智力获取，很多看似真理的事情，其实都大有问题，有勇气冲破知识的迷雾，才不愧是真正的学者。

——詹姆斯·布坎南

伟大的心胸，应该表现出这样的气概——用笑脸来迎接悲惨的厄运，用百倍的勇气来应付一切的不幸。

——鲁迅

•名人故事

有一天，林肯步行到城里去。一辆马车从他身后驶来时，他扬手让车停下来，对车夫说："能不能替我把这件大衣捎到城里去？""当然可以，"车夫说，"可我怎样将大衣交还给你呢？"林肯回答说："哦，这很简单，我打算裹在大衣里头。"车夫被他的幽默折服，笑着让他上了车。

兴 趣

兴趣是最好的老师

思维从惊讶和问题开始。

——亚里士多德

好奇的目光常常可以看到比它希望看到的更多的东西。

——莱辛

丁肇中

丁肇中（1936— ），现任美国麻省理工学院教授，获得1976年诺贝尔物理学奖。他发现了一种新的基本粒子，并以和自己中文姓氏"丁"形似的英文字母"J"将那种新粒子命名为"J粒子"。

要从事科学研究，首先要有科学兴趣，再加上穷追不舍的好奇心。

——丁肇中

真正有出息的人是对名人感兴趣的东西感兴趣，并且在那上面做出成就，而不是仅仅对名人感兴趣。

——王小波

哪里没有兴趣，哪里就没有记忆。

——歌德

在某方面有才的人，对于某方面的事必感兴趣。

——冯友兰

唯有对外界事物抱有兴趣，才能保持人们精神上的健康。

——罗素

儿童学习任何事情的最合适的时机是当他们兴致高、心里想做的时候。

——约翰·洛克

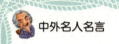

兴趣是生长中的能力的信号和象征，兴趣显示着最初出现的能力。

——杜威

一个明智的追求快乐的人，除了培养生活赖以支撑的主要兴趣之外，总得设法培养其他许多闲情逸致。

——罗素

任何一个人，只要他的心和他的爱好遭到了破坏，他如花似锦的年华就会像春梦似的消磨过去。

——卢梭

知之者不如好之者，好之者不如乐之者。

——孔子

成功的秘诀是兴趣

学习的最大动力，是对学习材料的兴趣。

——布卢姆

在任何行业中，走向成功的第一步，是对它产生兴趣。

——威廉·奥斯勒爵士

兴趣能使人们的注意力高度集中，从而使得人们能完善地完成自己的工作。

——郭沫若

津津有味地学习的东西，能够很快地学会和牢固地掌握。

——赫尔巴特

对工作有了浓厚的兴趣，遇到困难、挫折，才能顽强攻克，百折不回。

——童第周

天才就是对某事具有强烈的兴趣和对某事顽强入迷。

——木村久一

全心全意地投入工作，要靠浓厚的兴趣支持。

——松下幸之助

根据一个人的兴趣，可以判断他的性格。

——歌德

成功的科学家往往是兴趣广泛的人。

——贝弗里奇

杨振宁

杨振宁（1922—　），著名美籍华裔科学家、物理学大师、1957 年诺贝尔物理学奖获得者。他在统计物理、凝聚态物理、量子场论、数学物理等领域做出多项卓越的重大贡献。

成功的真正秘诀是兴趣。

——杨振宁

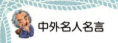
好奇心造就科学家和诗人。

——法朗士

兴趣最狭窄的人懂得最少，然而什么都感兴趣的人则什么都不懂。

——黑兹利特

一个有勃勃生机与广泛兴趣的人，可以战胜一切不幸。

——罗素

告诉我你喜欢什么，我就可以说出你是什么样的人。

——拉斯金

挑 战

生活是一种挑战

无论头上是怎样的天空，我都准备承受任何风暴。

——拜伦

接受挑战，就可以享受胜利的喜悦。

——乔治·巴顿

如果你过分珍爱自己的羽毛，不使它受一点损伤，那么，你将失去两只翅膀，永远不能够再凌空飞翔。

——雪莱

生活是一种挑战，迎接它吧！

——特蕾莎修女

人生要不是大胆地冒险，便是一无所获。

——海伦·凯勒

所谓活着的人，就是不断挑战的人，不断攀登命运险峰的人。

——雨果

世界上没有伟大的人，只有普通人迎接的巨大挑战。

——哈尔西

要成功，你必须接受遇到的所有挑战，不能只接受你喜欢的那些。

——迈克·加弗卡

最具挑战的是自己

当我们面对挑战时，我们没有怯懦、没有退缩，更没有踟蹰不前。

——奥巴马

对我来说，第二、第三，哪怕是第十都没有什么区别，在我的字典里只有第一和不是第一。

——罗杰·费德勒

生命中的挑战并不是要让你陷于困顿，而是要帮助你发现自我。

——约翰森·里根

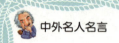

弗朗索瓦·拉伯雷

弗朗索瓦·拉伯雷（约1495—1553），文艺复兴时期法国最杰出的人文主义作家之一，他的主要著作是长篇小说《巨人传》。

不敢冒险的人既无骡子又无马；过分冒险的人既丢骡子又丢马。

——弗朗索瓦·拉伯雷

一次挑战就是向自己和他人证明你能力的一次机会。

——乔·布朗

挑战让生命充满意义

如果你从不接受挑战，你就永远感受不到胜利的刺激。

——英国谚语

整个生命就是一场冒险。走得最远的人，常是愿意去做，并愿意去冒险的人。

——戴尔·卡耐基

要记住：历史上所有伟大的成就，都是由于战胜了看来是不可能的事情而取得的。

——卓别林

习 惯

习惯是支撑命运的杠杆

习惯就是信念转变为习性和思想转变为行动的过程。

——乌申斯基

习惯比天性更顽固。

——昆图斯

起初我们养成习惯，后来习惯造就我们。

——王尔德

习惯是一个人思想与行为的领导者。

——爱默生

习惯是人类生活最有力的向导。

——休谟

习惯实际上已成为天性的一部分。

——亚里士多德

习惯正如在树皮上刻字，随着树木的成长，文字也会扩大。

——斯迈尔斯

人应该支配习惯，而决不能让习惯支配自己。

——奥斯特洛夫斯基

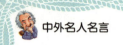

少成若天性，习惯如自然。

——孔子

习惯可以是一个使人失去羞耻的魔鬼，也可以是一个天使。对于勉力为善的人，它会用潜移默化的手段，使他弃恶从善。

——莎士比亚

习惯是一根大粗绳，我们每天都在捻着它，就是无法破坏它。

——贺拉斯·曼

习惯就是习惯，谁也不能将其扔出窗外，只能一步一步地引它下楼。

——马克·吐温

习惯是在习惯中养成的。

——普劳图斯

坏习惯能禁锢一个灵魂

根深蒂固的恶习绝非一朝一夕就能养成的。

——玉外纳

当你开始依照习惯行事，你的进取精神就会因此而丧失。

——乌纳穆诺

习惯支配着那些不善于思考的人。

——华兹华斯

习惯重于寒霜，根深蒂固，又如生命，罩在你身上，压得你喘不过气来。

——华兹华斯

世界上没有比习惯更专制的了。

——左拉

恶习变成人们的笑柄，是对恶习的致命打击。

——莫里哀

谁如果养成一种坏习惯，除非到死，否则永远难以摆脱。

——萨迪

改变好习惯比改掉坏习惯容易得多，这是人生的一大悲哀。

——毛姆

习惯如果不加抗拒，很快就会变成必需品。

——奥古斯丁

许多富有创见的人并没有想到他们会被习惯引入歧途。

——济慈

道德败坏在习惯形成时就已开始了。习惯是铁锈，侵蚀着钢铁般的灵魂。

——罗曼·罗兰

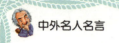

习惯的力量神通广大

习惯的力量是巨大的。

——西塞罗

任何事物都不及习惯那么神通广大。

——奥维德

习惯就是一切，甚至爱情中也是如此。

——沃维纳格

习惯使社会阶层自行分开，不相混杂。

——威廉·詹姆斯

习惯的力量比理智更加永恒，更加简便。

——约翰·洛克

习惯是推动社会前进的巨大飞轮和社会稳定最可贵的维护者。

——威廉·詹姆斯

人的思考取决于动机，语言取决于学问和知识，而他们的行动，则多半取决于习惯。

——培根

风俗习惯像透镜一样，没有它们，社会理论家什么也看不出来。

——本尼迪克特

自 信

相信自己，为自己喝彩

我从来没对自己失去过信心或者想放弃。不管你说我怎么样，我总能找到我自己行的理由。

——邓亚萍

先相信你自己，然后别人才会相信你。

——屠格涅夫

发光并非太阳的专利，你也可以发光。

——李嘉诚

思想家不需要旁人的赞赏或喝彩，只需要他对自己的鼓掌——这是不可缺少的自信心。

——尼采

一个人除非自己有信心，否则不能给别人带来信心。

——阿诺德

只有信任自己的人，才有能力相信别人。

——弗洛姆

自信心和自尊心相辅相成，没有自尊心的人，绝不会有自信心。

——毛姆

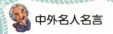

只有满怀自信的人，才能在任何地方都带着自信沉浸在生活中，并实现自己的意志。

——高尔基

一个人的自信和沉着并不在于地位显赫，而是有赖于他在所选择的道路上的成功，不论这个道路是怎样无关紧要。

——列夫·托尔斯泰

一个确信自己掌握了真相的人，是不会在乎别人的反对和认可的。

——欧文·斯通

诚如拿破仑所言，他的字典里没有"困难"二字，我的字典中也找不到"不成功"三个字。

——可可·香奈尔

无论什么时候，不管遇到什么情况，我绝不允许自己有一点点灰心丧气。

——爱迪生

谁中途动摇信心，谁就是意志薄弱者；谁下定决心后，缺少灵活性，谁就是傻瓜。

——诺尔斯

那些即使遇到了机会，还不敢自信必能成功的人，只能得到失败。

——叔本华

信心因境遇而异：人在大厅说话与在阁楼说话是不同的。

——福楼拜

•名人故事

林肯在任美国总统期间，有人认为他对待政敌的态度不够强硬，对他说："你为什么要让他们成为我们的朋友呢？你应该想办法消灭他们才对。"

"我难道不是在消灭政敌吗？当我使他们成为我们的朋友时，政敌就不存在了。"林肯温和地说。

自信让人勇往直前

青年人，信你自己吧！只有你自己是真实的，也只有你能够创造你自己。

——冰心

自信是一种感觉，有了这种感觉，人们才能怀着坚定的信心和希望，开始伟大而又光荣的事业。

——西塞罗

一个自信的人就会勇往直前。

——杜伽尔

自信是从事伟大事业所必须具备的素质。

——约翰逊

自信是成功的第一秘诀。

——爱默生

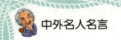

❧ 道德·修养篇 ❧

自 尊

自尊是最可贵的品质

只有尊重自己的人，才会尊重别人。

——亨利·詹姆斯

无论是别人在跟前或者自己独处的时候，都不要有一点卑劣的事情：最要紧的是自尊。

——毕达哥拉斯

人必其自爱也，而后人爱诸；人必其自敬也，而后人敬诸。

——扬雄

卡尔·马尔登

卡尔·马尔登（1912—2009），美国好莱坞著名演员。1989年至1992年，马尔登任美国电影艺术与科学学院主席。2004年，美国电影演员协会授予马尔登终身成就奖。

自我尊重者不恨自己，不恨自己者不恨他人。

——卡尔·马尔登

对人来说，最重要的东西是尊严。

——普列姆昌德

自尊心是进步之母，自贱心是堕落之源，故自尊心不可无，自贱心不可有。

——邹韬奋

人类有许多高尚的品格，但有一种高尚的品格是人性的顶峰，这就是个人的自尊心。

——苏霍姆林斯基

每一个正直的人都应该维护自己的尊严。

——卢梭

一个人能否有成就，只看他是否具备自尊心与自信心两个条件。

——苏格拉底

不尊重别人的话，自尊心就好像一颗经不住阳光的宝石。

——诺贝尔

谁有自尊，谁就会得到尊重。

——巴尔扎克

那种真正的尊严，就是不会因他人的漠视而有所减损的尊严。

——哈马舍尔德

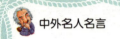

保护自己，维护自尊

无论谁想获得自尊的名声，都应该隐藏起他的自负。

——斯威夫特

珍视思想的人，必然珍视自己的尊严。

——苏霍姆林斯基

不要让一个人去守卫他的尊严，而应该让他的尊严来守卫他。

——爱默生

如果还有点自尊心，就不应该由于疏懒或者忠厚而置人身侮辱、诽谤于不顾。

——普希金

自尊不是轻人，自信不是自满，独立不是孤立。

——徐特立

善 良

善良是一种光荣的标志

善良，是一种世界通用的语言，它可以使盲人看到，聋子听到。

——马克·吐温

灵魂最美的音乐是善良。

——罗曼·罗兰

善良是唯一永不致失败的投资。

——梭罗

善良——人所固有的善良，这些东西唤起我们一种难以摧毁的希望，希望光明的、人道的生活终将复苏。

——高尔基

善不是一种学问，而是一种行为。

——罗曼·罗兰

善良是历史中稀有的珍珠，善良的人便几乎优于伟大的人。

——雨果

善良是最光荣的标志，是坦白地承认自己的错误以及别人的错误，用其道德的力量去制止趋于邪恶的倾向，不愿追随这一倾向，希望更好、期望更好。

——蒙田

善良是一种可贵的美德

真正有才能的人总是善良的，坦白的，爽直的，绝不矜持。

——巴尔扎克

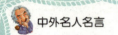
在一切道德品质之中，善良的本性在世界上是最需要的。

——罗素

善不可失，恶不可长。

——左丘明

对自然美抱有直接兴趣，是心地善良的标志。

——康德

与其说是为了爱别人而行善，不如说是为了尊敬自己。

——福楼拜

从善如流，疾恶如仇。

——左丘明

做一个善良的人，为人类去谋幸福。

——高尔基

善良和谦虚是永远不应令人厌恶的两种品德。

——史蒂文森

没有一个善良的灵魂，就没有美德可言。

——贝多芬

让善良成为处世的名片

予人以善，别人也将还你以善。

——爱默生

善人者，人亦善之。

——管仲

善良的行为有一种好处，就是使人的灵魂变得高尚了，并且使它可以做出更美好的行为。

——卢梭

感人肺腑的人类善良的暖流，能医治心灵和肉体的创伤。

——罗佐夫

没有单纯、善良和真实，就没有伟大。

——列夫·托尔斯泰

人而好善，福虽未至，祸其远矣。

——曾子

罗伯特·勃朗宁

　　罗伯特·勃朗宁（1812—1889），英国诗人、剧作家，与丁尼生齐名，是维多利亚时代代表诗人之一。他以精细入微的心理探索而独步诗坛，对英美 20 世纪诗歌产生了重要影响。

行善比作恶明智；温和比暴戾安全；理智比疯狂适宜。

——罗伯特·勃朗宁

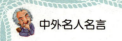

节 俭

节俭是一生的财富

没有一种获得比从我们的节俭中省下来的确切可靠。

——培根

谁在适当的时候节约了什么东西，以后遇到困难就有什么东西。

——格林兄弟

从来好事天生俭，自古瓜儿苦后甜。

——白朴

谁在平日节衣缩食，在穷困时就容易渡过难关；谁在富足时豪华奢侈，在穷困时就会死于饥寒。

——萨迪

节俭是你一生中食用不完的美筵。

——爱迪生

家勤则兴，人勤则健；能勤能俭，永不贫贱。

——曾国藩

挣了钱却不知道节省的人只能劳累终生。

——切斯特菲尔德

爱俭朴限制了占有欲。

——孟德斯鸠

家有千金之玉，不知治，犹之贫也。

——韩婴

珠玉买歌笑，糟糠养贤才。

——李白

奢者心常贫，俭者心常富。

——谭峭

节俭中蕴藏一切美德

节俭乃充分利用生命之艺术，崇尚节俭乃诸美德之本。

——萧伯纳

节俭之中蕴藏着一切美德。

——西塞罗

节俭朴素，人之美德。

——程颐

节俭是哲学家的基石。

——托富勒

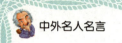

节俭是一门艺术，它能使人最大限度地享用生活。热爱节俭是一切美德的根本。

——萧伯纳

节约——穷人的财富，富人的智慧。

——大仲马

俭约，所以彰其美也。

——司马光

节约是避免不必要开支的科学，是合理安排我们财富的艺术。

——塞内加

俭朴生活，不但可以使精神愉快，而且可以培养革命品质。

——徐特立

节用于内，而树德于外。

——左丘明

成由勤俭败由奢

处逸乐而欲不放，居贫苦而志不倦。

——王充

克勤于邦，克俭于家。

——《尚书》

36

人生在勤，不索何获。坐吃山空，立吃地陷。

——秦简夫

天下之事，常成于勤俭而败于奢靡。

——陆游

朱柏庐

朱柏庐（1627—1698），名用纯，字致一，自号柏庐，著名理学家、教育家。他居乡教授学生，潜心治学，以程、朱理学为本，提倡知行并进，躬行实践。著有《朱子家训》《四书讲义》《困衡录》等。

一粥一饭，当思来之不易；半丝半缕，恒念物力维艰。

——朱柏庐

奢侈会破坏人们的心灵纯质，因为不幸的是，你获得愈多，就愈贪婪，而且总感到不能满足自己。

——安格尔

挥霍无度的人，等于将自己的前途抵押了出去。

——富兰克林

俭节则昌，淫佚则亡。

——墨子

任意浪费必然导致令人苦恼的匮乏。

——托富勒

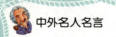

奢未及侈，俭而不陋。

——张衡

居安思危，戒奢以俭。

——魏征

贪图享乐的人，必将在享乐中堕落。

——马洛

爱 国

─────── 我们都是龙的传人 ───────

我爱我的祖国，爱我的人民，离开了她，离开了他们，我就无法生存，更无法写作。

——巴金

丈夫不报国，终为贫贱人。

——陈恭尹

我的事业在中国，我的成就在中国，我的归宿在中国。

——钱学森

我生平优点不多，但自谓爱国不甘后人，即使把我烧成了灰，每一粒灰也还是爱国的。

——季羡林

我们是国家的主人，应该处处为国家着想。

——雷锋

国耻未雪，何由成名？

——李白

常思奋不顾身，而殉国家之急。

——司马迁

平生铁石心，忘家思报国。

——陆游

国而忘家，公而忘私。

——班固

捐躯赴国难，视死忽如归。

——曹植

我以我血荐轩辕。

——鲁迅

宁做流浪汉，不做亡国奴。

——丰子恺

风声、雨声、读书声，声声入耳；家事、国事、天下事，事事关心。

——顾宪成

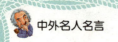

锦城虽乐，不如回故乡；乐园虽好，非久留之地。归去来兮。

——华罗庚

我是华夏儿女，理所当然地要把学到的知识全部奉献给我亲爱的祖国。

——李四光

一片赤心为祖国

最大的荣誉是保卫祖国的荣誉。

——亚里士多德

人不仅为自己而生，而且也为祖国活着。

——柏拉图

不要问你的祖国能为你做什么，而要问你能为你的祖国做什么。

——肯尼迪

爱祖国高于一切。

——肖邦

没有祖国，就没有幸福，每个人必须根植于祖国的土壤里。

——屠格涅夫

国家是大家的，爱国是每个人的本分。

——陶行知

千百万个家庭，就是千百万条细根，从这里滋润着一棵永恒的大树，它的名字叫祖国。

——苏霍姆林斯基

我们怀着焦急的心情，在倾听祖国的召唤。

——普希金

爱国不是爱它的幅员辽阔、享有盛名，而因为它是自己的祖国。

——塞内加

纵使世界给我珍宝和荣誉，我也不愿离开我的祖国，因为纵使我的祖国在耻辱之中，我还是喜欢、热爱、祝福我的祖国！

——裴多菲

为了国家利益，使自己的一生变为有用的一生，纵然只能效绵薄之力，我也会热血沸腾。

——果戈理

我唯一的遗憾是，我只有一次生命奉献给祖国。

——内森·黑尔

祖国，我永远忠于你，为你献身，用我的琴声永远为你歌唱和战斗。

——肖邦

萧伯纳

　　萧伯纳（1856—1950），爱尔兰剧作家，1925年因为作品具有理想主义和人道主义而获诺贝尔文学奖，是英国现代杰出的现实主义戏剧作家，是世界著名的擅长幽默与讽刺的语言大师。

所谓爱国心，是指你身为这个国家的国民，对于这个国家，应当比对其他一切的国家感情更深厚。

——萧伯纳

祖国是人民的共同父母。

——西塞罗

坚 强

坚强者永远不倒

即使跌倒一百次，也要一百次地站起来。

——张海迪

咬定青山不放松，立根原在破岩中。千磨万击还坚劲，任尔东西南北风。

——郑板桥

坚强者能在命运风暴中奋斗。

——爱迪生

向消沉宣战，以坚忍不拔的精神去迎接不可避免的事。

——杜伽尔

困苦永远是坚强之母。

——莎士比亚

一个人缺乏一点刚毅，很容易倒下去，就像一块石碑倒塌遗下的破碎了的石块，还要供人践踏。

——彦火

选择坚强就是选择胜利

如果你足够坚强，你就是无与匹敌的。

——菲茨杰拉德

人生的道路上，谁都会遇到困难和挫折，就看你能不能战胜它。战胜了，你就是英雄，就是生活的强者。

——张海迪

如果你想要成为胜者，那么在任何一次对打中，都要咬牙坚持到底。

——普京

成就的大小，不在我们掌握之内，一半靠人力，一半靠天赋，但只要坚强，就不怕失败，不怕挫折，不怕打击——不管是人事上的，生活上的，技术上的，还是学术上的。

——傅雷

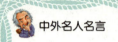

奉 献

做无私奉献的人

我甘愿当作人梯，让青年一代踏着我的肩膀，攀登世界科学技术的高峰。

——华罗庚

我情愿变成一支两头点燃的蜡烛，照耀人们前进。

——卢森堡

凡可以献上我全身的事，决不只献上一只手。

——狄更斯

要找出来我值多少，那是别人的事情，主要的是能够献出自己。

——屠格涅夫

花朵以芬芳熏香了空气，但它的最终任务，是把自己献给你。

——泰戈尔

我们应当在不同的岗位上，随时奉献自己。

——海塞

即使是一颗流星，也要把光留给人间，把一切奉献给人民。

——张海迪

只要我还在世一天，就要吐丝；但愿我吐的丝，能替人间增加哪怕一丝温暖。

——朱光潜

人应当忘却自己而爱别人，这样人才能安静、幸福和高尚。

——列夫·托尔斯泰

捧着一颗心来，不带半根草去。

——陶行知

人生的真正意义在于奉献

奉献乃是生活的真正意义。

——阿德勒

生命的多少用时间计算，生命的价值用贡献计算。

——裴多菲

人生的真正意义在于奉献，而不是索取。

——张海迪

点燃蜡烛照亮他人者，也不会给自己带来黑暗。

——杰弗逊

对一个人来说，所期望的不是别的，而仅仅是他能全力以赴和献身于一种美好事业。

——爱因斯坦

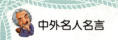

生命的意义在于付出，在于给予；而不是在于接受，也不在于索取。

——巴金

一个人总要先有这种利他的牺牲精神，然后才能够完成一切。

——郭沫若

个人的力量是渺小的，即使是小小的光亮，也该用来为促进人类的进步尽一点力。

——武者小路实笃

人只有献身于社会，才能找出那短暂而有风险的生命的意义。

——爱因斯坦

奉献的同时收获快乐

应该让别人的生活因为有了你的存在而更加美好。

——茨巴尔

你要记住，永远要愉快地多给别人，少从别人那里拿取。

——高尔基

生活中最大的享受、最高的乐趣就在于觉得自己是为人们所需要的，是使人们感到亲切的。

——高尔基

我更需要的是给予，不是收受。因为爱是一个流浪者，他能使他的花朵在道旁的泥土里蓬勃焕发，却不容易叫它们在会客室中的水晶瓶里尽情开放。

——泰戈尔

对人来说，最大的欢乐，最大的幸福是把自己的精神力量奉献给他人。

——苏霍姆林斯基

修 养

好修养铸就美好人生

君子处其实，不处其华；治其内，不治其外。

——张居正

缺乏良好教养的人无法明白朴素和自然标志着最真实的高贵。

——毛姆

修养有益，世故有害。修养鼓励我们，世故限制我们；修养教人诚恳，世故教人虚伪；修养使人充实，世故使人空虚。

——罗兰

修养的花儿在寂静中开过去了，成功的果子便要在光明里结实。

——冰心

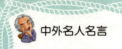

有教养的人或受过理想教育的人，不一定是个博学的人，而是个知道何所爱何所恶的人。

——林语堂

不修其身，虽君子而为小人；能修其身，虽小人而为君子。

——欧阳修

性情的修养，不是为了别人，而是为自己增强生活能力。

——池田大作

努力提升自身修养

一个杰出的女子的心灵和生活习惯，都可以在布置上看出来。

——巴尔扎克

每个人就像一个纸杯，知识、涵养像是杯里的水。别人不会看到你杯子里的水，别人看到的只是溢出的那一点点。当你的内涵溢出时，自然会被发现。

——重冈胜夫

讲话气势汹汹，未必就是言之有理。

——萨迪

修心必诚心。心不能掺假，心一掺假，人的行为就不正了。行为不正，不但会伤害别人，也会伤害自己。

——徐国静

修养，不是说不会发脾气，而是说不会轻易发脾气。不会发脾气的人不一定是有修养的人，动不动就发脾气的人，则是缺乏修养的人。

——汪国真

科学可以增加人的知识，但不能提高人的境界。

——冯友兰

文明就是要造就有修养的人。

——罗斯金

凡是有良好教养的人有一禁诫：勿发脾气。

——爱默生

穷则独善其身，达则兼济天下。

——孟子

越是身份低的人，操守越是要谨严，不然，正是自取其辱。

——屠格涅夫

优良的品性是内心真正的财富，而衬显这品性的是良好的教养。

——约翰·洛克

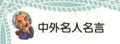

关心公益应当是每个有教养的人所共有的。

——列夫·托尔斯泰

宠辱不惊，闲看庭前花开花落；去留无意，漫随天外云卷云舒。

——洪应明

心需要清理，把无益人生的东西扔掉，把无法实现的路标拔掉，把悔恨的磨盘掀开。

——鲍尔吉·原野

凡是有修养的人总是把精力花在内省上。

——易卜生

夫仁者，己欲立而立人，己欲达而达人。

——孔子

出淤泥而不染，濯清涟而不妖。

——周敦颐

严肃的人模仿高尚人的行动，轻浮人则模仿卑劣人的行动。

——亚里士多德

海纳百川，有容乃大；壁立千仞，无欲则刚。

——林则徐

养心莫善于寡欲。

——孟子

问君何能尔？心远地自偏。

——陶渊明

谦 虚

谦虚铸就崇高品德

谦虚是藏于土中甜美的根，所有崇高的美德由此发芽滋长。

——苏格拉底

谦虚是最高贵的克己功夫。

——莎士比亚

伟人多谦虚，小人多骄傲。太阳穿一件朴素的光衣，白云却披了灿烂的裙裾。

——泰戈尔

我们不能一有成绩，就像皮球一样，别人拍不得，轻轻一拍，就跳得老高。成绩越大，越要谦虚谨慎。

——王进喜

一切真正的伟大的东西，都是纯朴而谦逊的。

——别林斯基

人生在世应当谦逊，丝毫不要轻人傲世，不要自我夸耀。

——高尔基

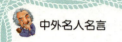

不炫耀自己本领的人，才是真有本领。

——拉罗什富科

真正的谦虚是最崇高的美德，是美德之母。

——丁尼生

谦虚其心，宏大其量。

——王守仁

智慧是宝石，如果用谦虚镶边，就会更加璀璨夺目。

——高尔基

谦逊不仅是一种装饰品，也是美德的护卫。

——鲁迅

谦虚使人进步

一个真正的伟人其第一个考验即是谦让。

——罗斯金

人因为博学才谦逊，因为勇于牺牲才力量无比。

——吉卜林

不自满，便是人或国家进步的第一步。

——王尔德

当我们大为谦卑的时候，便是我们最近于伟大的时候。

——泰戈尔

虚伪的谦虚，仅能博得庸俗的掌声，而不能求得真正的进步。

——华罗庚

> **赫伯特·斯宾塞**
>
>
>
> 赫伯特·斯宾塞（1820—1903），英国社会学家、哲学家。他为人所共知的就是"社会达尔文主义之父"，他所提出的一套学说把进化理论——"适者生存"应用在社会学上，尤其是教育及阶级斗争中。

成功的第一个条件是真正的虚心。

—— 赫伯特·斯宾塞

念高危，则思谦冲而自牧；惧满盈，则思江海下百川。

——魏征

满招损，谦受益。

——《尚书》

感到自己渺小的时候，才是巨大收获的开始。

——歌德

缺少谦虚，就是缺少见识。

——富兰克林

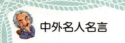

生活·情感篇

亲 情

亲情是一盏不灭的灯

最美的天性，最优秀的灵魂，都免不了溺爱儿女。

——巴尔扎克

安土重迁，黎民之性；骨肉相附，人情所愿也。

——班固

烽火连三月，家书抵万金。

——杜甫

对孩子的爱是一种自私的无私，一种不为公的舍己。

——周国平

时间的流逝，许多往事已经淡化了。可在历史的长河中，有一颗星星永远闪亮，那便是亲情。

——高尔基

书，当然很重要，但在你生活的周围，还有更重要的东西——家庭和朋友。

——普京

54

感谢父母给我的爱

我之所有，我之所能，都归功于我天使般的母亲。

——林肯

父母之爱子，则为之计深远。

——刘向

孩子的权利便是父母的义务。

——鲁多夫·洛克尔

世界上有一种最美丽的声音，那便是母亲的呼唤。

——但丁

母亲的心是一个深渊，在它的最深处你总会得到宽恕。

——巴尔扎克

家庭是父亲的王国，母亲的世界，儿童的乐园。

——爱默生

母性的伟大不在于理智，而在于那种直觉的感情。

——傅雷

昔孟母，择邻处，子不学，断机杼。

——王应麟

人世间最美丽的情景出现在当我们怀念到母亲的时候。

——莫泊桑

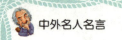

养儿方知娘艰辛，养女方知谢娘恩。

——日本谚语

孝子之至，莫大乎尊亲；尊亲之至，莫大乎以天下养。

——孟子

友 情

友谊需要珍惜和爱护

真正的友情，是一株成长缓慢的植物。

——华盛顿

真挚的友谊犹如健康，不到失却时，无法体味其珍贵。

——培根

人生无友，恰似生命无太阳。

——法朗士

友情在我过去的生活里就像一盏明灯，照彻了我的灵魂，使我的生存有了一点点光彩。

——纪伯伦

得不到友谊的人将是可怜的孤独者，没有友情的社会则只是一片繁华的沙漠。

——培根

真诚的友谊好像健康，失去时才知道它的可贵。

——科尔顿

友谊之光像磷火，当四周漆黑之际最为显露。

——克伦威尔

友情是天堂，没有它就像地狱；友情是生命，没有它就意味着死亡。

——威廉·莫里斯

友情是一种最需要小心积蓄和保存的财富。

——罗兰

友谊是人生的调味品，也是人生的止痛药。

——爱迪生

友谊是两颗心真诚相待，而不是一颗心对另一颗心的敲打。

——鲁迅

人生难得一知己

没有人不想和你同坐一辆豪华轿车，但你需要的，却是轿车坏了还会和你一起搭巴士的人。

——奥普拉·温弗瑞

那些私下忠告我们，指出我们错误的人，才是真正的朋友。

——李嘉诚

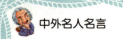

人生贵相知，何必金与钱。

——李白

兄弟可能不是朋友，但朋友常常如兄弟。

——富兰克林

与朋友交，言而有信。

——孔子

有知心朋友本身就是一种幸福。

——武者小路实笃

人生得一知己足矣，斯世当以同怀视之。

——鲁迅

扬 雄

扬雄（公元前 53 年—公元 18 年），字子云，西汉蜀郡成都人，少好学，为人口吃，博览群书，长于辞赋。代表作品有《太玄》《法言》《甘泉赋》《羽猎赋》等。

朋而不心，面朋也；友而不心，面友也。

——扬雄

如果你把快乐告诉一个朋友，你将得到两个快乐；而如果你把忧愁向一个朋友倾吐，你将被分掉一半忧愁。

——培根

为朋友的不幸而哭泣，为朋友的喜悦而欢欣，这种生命的共鸣，意味着向社会敞开的人格正在真正形成。

——池田大作

最好的朋友是那种不喜欢多说，能与你默默相对又息息相通的人。

——高尔基

人之相识，贵在相知；人之相知，贵在知心。

——孟子

士为知己者死，女为悦己者容。

——刘向

海内存知己，天涯若比邻。

——王勃

选择自己的交友之道

如你想要拥有完美无瑕的友谊，可能一辈子找不到朋友。

——李嘉诚

与善人居，如入芝兰之室，久而自芳也。

——颜之推

圣贤是思想的先声，朋友是心灵的希望。

——爱默生

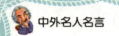

只有宽广而聪慧的心灵始终能发现友爱之情。

——海因里希·海涅

有朋自远方来，不亦乐乎。

——孔子

顺境时容易发现朋友，逆境时就极其困难了。

——托马斯·莫尔

坎坷的道路上可以看出毛驴的耐力，患难的生活中可以看出友谊的忠诚。

——米南德

君子之交淡若水，小人之交甘若醴。

——庄子

君子与君子以同道为朋；小人与小人以同利为朋。

——欧阳修

快乐

选择让自己快乐的方式

真正的乐观主义的人是用积极的精神向前奋斗的人，是战胜愁虑穷苦的人。

——邹韬奋

做好事是人生中唯一确实快乐的行动。

——西德尼

一个不欣赏自己的人，是难以快乐的。

——三毛

快乐要懂得分享，才能加倍快乐。

——李嘉诚

最快乐的事莫过于无拘无束。

——培根

应该笑着面对生活，不管一切如何。

——伏契克

人生有两大快乐，一是得到你心爱的东西，于是你可以去寻求和创造；另一个是得到了你心爱的东西，于是你可以去品味和体验。

——周国平

笑，就是阳光，它能消除人们脸上的冬色。

——雨果

所谓内心的快乐，是一个人过着健全的、正常的、和谐的生活所感到的快乐。

——罗曼·罗兰

风力掀天浪打头，只须一笑不须愁。

——杨万里

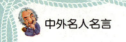

找寻生命中的快乐

快乐，是精神和肉体的朝气，是希望和信念，是对自己的现在和未来的信心，是一切都该如此进行的信心。

——果戈理

只有信念使快乐真实。

——蒙田

能处处寻求快乐的人才是最富有的人。

——梭罗

追求一个梦想是一种绝大的幸福和快乐。

——罗兰

快乐是一种奢侈。若要品尝它，绝不可缺的条件是心无不安。心若不安——一旦稍受威胁，快乐就立刻烟消云散。

——司汤达

追寻快乐的人们，若能稍稍停下短短的一分钟，并想一想，便会察觉，他们所真正体验到的快乐，像自己脚边的小草，或是早晨花朵上的露珠，数也数不清。

——海伦·凯勒

要想别人快乐，自己先得快乐。要把阳光散布到别人的心田里，先得自己心里有阳光。

——罗曼·罗兰

把脸一直向着阳光，这样就不会见到阴影。

——海伦·凯勒

快乐之道不在做自己喜爱的事，而在喜爱自己不得不做的事。

——巴里

愚人追寻快乐于远方，智者却把它种植在脚下。

——詹姆士·奥本海姆

当你寻找欢乐时，欢乐反会逃之夭夭；当你躲避欢乐时，欢乐反倒跟你跑。

——约·海伍德

烦　恼

烦恼源于自身的感受

能生点病是有福的，可以使你摆脱某些不愉快的事情，但是不包括死亡，因为死亡虽说可以使你永远摆脱人间一切烦恼，可是你却又要到地狱去受折磨。

——高尔基

世上本无事，庸人自扰之。

——《新唐书·陆象先传》

人活着总是有趣的，即便是烦恼也是有趣的。

——门肯

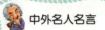
大仲马

　　大仲马（1802—1870），法国19世纪积极浪漫主义作家。大仲马自学成才，一生写的各种著作达300卷之多，主要以小说和剧作著称于世。大仲马被别林斯基称为"一名天才的小说家"，他也是马克思"最喜欢"的作家之一。

忧郁是因为自己无能，烦恼是由于欲望得不到满足。

——大仲马

弃我去者，昨日之日不可留。乱我心者，今日之日多烦忧。

——李白

天下最苦恼的事莫过于看不起自己的家。

——狄更斯

少年不识愁滋味，爱上层楼。爱上层楼，为赋新词强说愁。

——辛弃疾

不同的烦恼有不同的代价

莫把烦恼放心上，免得白了少年头；莫把烦恼放心上，免得未老先丧生。

——狄更斯

幸运并非没有恐惧和烦恼；厄运也绝非没有安慰和希望。

——培根

因寒冷而打战的人，最能体会到阳光的温暖。经历了人生烦恼的人，最懂得生命的可贵。

——惠特曼

只要活在这个世界上，不管衰老、病痛、穷困和监禁会给人怎样的烦恼和苦难，比起死的恐怖来，也就像天堂一样幸福了。

——莎士比亚

淡淡的哀愁的确能增加一种妩媚，但它最终会加深脸上的皱纹，毁掉一切容貌中最可爱的容貌。

——巴尔扎克

最令人烦恼的事物往往可以使人摆脱烦恼。

——拉罗什富科

消除烦恼保持愉悦

把烦恼当成脸上的灰尘，衣上的污垢，染之不惊，随时洗拂，常保洁净。

——王蒙

用不着操心去装门面，不必苦心焦虑去钩心斗角，也不必为了妒忌别人和患得患失而烦恼。

——马克·吐温

清新、健康的笑，犹如夏天的一阵大雨，荡涤了人们心灵上的污泥、灰尘及所有的污垢，显露出善良与光明。

——高尔基

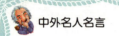

多和朋友交游无疑是医治心病的良方。

——泰戈尔

如果睡不着就起来做点事，不要躺在那里忧虑不已。啮人身心的是忧虑，不是失眠。

——戴尔·卡耐基

不要预期烦恼，或者为可能永不会发生的事情担心，要保持欢乐。

——富兰克林

岂能尽如人意，但求无愧于心。

——刘伯温

健康

不要忽略身体的健康

造物主把像你这样的人派遣到人世间来，是要你担负一定的责任的，所以你决不应该轻视自己的身体。

——泰戈尔

健康不是一切，但没有健康就没有一切。

——吴阶平

忽略健康的人，就是等于在与自己的生命开玩笑。

——陶行知

对于青年，武装身体应与武装头脑看得同样重要。

——林伯渠

身体要过着一种有规则的、有节制的生活，方能保持健康。

——夸美纽斯

人类所犯的最大错误就是拿健康来换取其他身外之物。

——叔本华

养成简单朴素的生活习惯，是增进健康的一大因素，它使人对于生活必需品不加挑剔。

——伊壁鸠鲁

保持健康是做人的责任。

——斯宾诺莎

盈缩之期，不但在天；养怡之福，可得永年。

——曹操

我们深信健康是生活的出发点，也是教育的出发点。

——陶行知

健康是自然所能给我们准备的最公平最珍贵的礼物。

——蒙田

幸福的首要条件在于健康。

——柯蒂斯

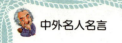

注重精神健康

身体的健康在很大程度上取决于精神的健康。

——约翰·格雷

健康的思想寓于健康的身体之中。

——朱文诺尔

心情愉快是健康的增进剂。

——阿狄生

心灵上的疾病比身体上的疾病更危险。

——西塞罗

忧伤足以致命。

——莎士比亚

经得起各种诱惑和烦恼的考验，才算达到了最完美的心灵的健康。

——培根

如果你想尽可能保持健康，那么你对健康考虑得越少越好。

——霍姆斯

保持健康的最好办法就是保持一种年轻的心态。

——威尔基·科林斯

生活

生活显现真实人生

高尚的生活是受爱激励并由知识导引的生活……没有知识的爱与没有爱的知识，都不可能产生高尚的生活。

——罗素

生活的悲剧并不在于人们遭受的苦难太多，而在于他们错过的幸福太多。

——卡莱尔

人类生活中的虚荣浮华就像是一条河流，后浪推前浪，不断逝去，又不断涌来。

——蒲柏

世上有多少人，就有多少条生活道路。

——索尔仁尼琴

哭也一世，笑也一世，原来生活是一种很复杂的学问。

——席慕蓉

生活像一只洋葱头：你只能每次剥一层，有时你还得流泪。

——桑德伯格

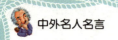

用特写镜头看生活，生活是一个悲剧；但用长镜头看生活，生活则是个喜剧。

——卓别林

生活就是在黑暗中的长期拼搏。

——卢克莱修

不进行仔细考虑安排的生活，不值得一活。

——柏拉图

生活就是面对现实的微笑，就是越过障碍注视将来。

——雨果

人生到处都是这样的状况：必须忍受的东西很多，可以享受的东西很少。

——约翰逊

生活的一大秘诀就是怎样把拦路石变成向上攀登的台阶。

——佩恩

你不得不随遇而安，但是，你应该努力按照你向往的方式去生活。

——坎贝尔

你必须按所想的生活，否则你只能按生活去想。

——王小波

要是你懂得如何思考和安排你的生活，你就完成了一项最伟大的工作。

——蒙田

当一个人尝尽了生活的苦头，懂得了什么叫作生活的时候，他的神经就坚强起来了。

——巴尔扎克

体味生活的意义

生活中有意义的事情，哪怕再小也要比毫无意义的最大的事情更具有价值。

——荣格

一个人生活在世界上，最可怕的是精神上的空虚。

——丁玲

相信生活，它给人的教益比任何一本书籍都好。

——歌德

生活本身没有任何价值，它的价值在于怎样使用它。

——卢梭

享受生活的乐趣

悠闲的生活始终需要一个怡静的内心、乐天旷达的观念和尽情欣赏大自然的胸怀。

——林语堂

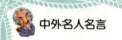

生活只有在平淡无味的人看来才是空虚而平淡无味的。

——车尔尼雪夫斯基

逍遥以针劳，谈笑以药倦。

——刘勰

采菊东篱下，悠然见南山。

——陶渊明

生活得最有意义的人，并不就是年岁最大的人，而是对生活最有感受的人。

——卢梭

人的最佳生活方式是拥有尽可能多的快乐和尽可能少的痛苦。

——德谟克利特

难道因为生活的道路漫长而不平坦，我们就能蔑视云雀的歌唱？

——勃朗特

美好的生活是一种由爱所激励、由知识所指导的生活。

——罗素

生活之所以美好，就在于我们左右永远有一颗年轻、善良的心在成长开花。

——高尔基

运动

运动是生命的常态

运动是一切生命的源泉。

——达·芬奇

静止便是死亡，只有运动才能敲开永生的大门。

——泰戈尔

只有运动才可以除去各种各样的疑虑。

——歌德

人的生命就是运动。

——列夫·托尔斯泰

流水不腐，户枢不蠹，动也。

——《吕氏春秋》

体育使整个有机体得到自然的、和谐的发展。

——杜勃罗留波夫

运动塑造良好精神品质

体育是使人的精神生活充实和文化知识丰富的起码条件。

——苏霍姆林斯基

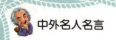

经常体育锻炼，不仅能发展身体的美和动作的和谐，而且能形成人的性格，锻炼意志力。

——苏霍姆林斯基

在体育运动中，人们学到的不仅仅是比赛，还有尊重他人、生活伦理、如何度过自己的一生以及如何对待自己的同类。

——杰西·欧文斯

一身动，则一身强；一家动，则一家强；一国动，则一国强；天下动，则天下强。

——颜元

一个民族，老当益壮的人多，那个民族一定强；一个民族，未老先衰的人多，那个民族一定弱。

——顾拜旦

运动有益身心健康

人的健全，不但靠饮食，尤靠运动。

——蔡元培

体育竞赛之最绝妙处乃由于它只在手做，不在口说。

——赫尔巴特

身体的健康因静止不动而破坏，因运动练习而长期保持。

——苏格拉底

运动是健康的源泉，也是长寿的秘诀。

——马约翰

当有病时就要努力恢复健康，当健康时则应当经常从事锻炼。

——培根

运动是身体的锻炼、德性的培养。

——雨果

一个人如果不经常从事运动，身体不可能健壮。

——培根

聪明人治病靠锻炼。

——德莱顿

体动则强健，久卧则萎弱。

——康有为

身勤则强，逸则病。

——蔡锷

体育是增进青年健康、发展他们的体力和各种能力的必要条件。

——凯洛夫

日复一日地坚持练下去吧，只有活动适量才能保持训练的热情和提高运动的技能。

——塞涅卡

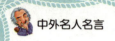

学习·求知篇

学 习

活到老，学到老

在科学上，没有什么认识是最后的。在任何新的领域，我们都是小学生。

——钱学森

只要心还在跳，就要努力学习。

——张海迪

我从不间断读新科技、新知识的书籍，不至于因为不了解新讯息而和时代潮流脱节。

——李嘉诚

少而好学，如日出之阳；壮而好学，如日中之光；老而好学，如炳烛之明。

——刘向

活着就要学习，学习不是为了活着。

——培根

学习这件事不在于有没有人教你，最重要的是你自己有没有觉悟和恒心。

——法布尔

学不可以已。青，取之于蓝，而胜于蓝；冰，水为之，而寒于水。

——荀子

有好方法才能有进步

知识只有消化了以后才有能量，不然就是智商中的脂肪。

——洪晃

知道就是知道，不知道就不要猜。

——丁肇中

不要把你们的学习看成是任务，而应看成是一个令人羡慕的机会。为了你们自己的欢乐和今后你们工作所属社会的利益，去学习。

——爱因斯坦

学到很多东西的诀窍，就是一下子不要学很多。

——约翰·洛克

有教养的头脑的第一个标志就是善于提问。

——普列汉诺夫

重复是学习之母。

——狄慈根

苦学能够战胜一切，学问的宫殿不分贫富都可以进去。

——巴金

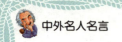

善学者假人之长以补其短。

——《吕氏春秋》

力学如力耕，勤惰尔自知。但使书种多，会有岁稔时。

——刘过

学习必须与实干相结合。

——泰戈尔

非学无以广才，非志无以成学。

——诸葛亮

为学正如撑上水船，一篙不可放缓。

——朱熹

学问欲博，而行己欲敦。

——魏征

学习要求人们最大的紧张和最大的热情。

——巴甫洛夫

巴甫洛夫

巴甫洛夫（1849—1936），俄国生理学家、心理学家、医师，首位获得诺贝尔生理学或医学奖的俄国科学家，建立了高级神经活动的新学说。

学而不思则罔，思而不学则殆。

——孔子

用学习来提升自我

人不光是靠他生来就拥有的一切，而是靠他从学习中所得到的一切来造就自己。

——歌德

如果学生在学校里学习的结果是使自己什么也不会制造，那他的一生将永远在模仿和抄袭。

——列夫·托尔斯泰

学习不仅可以明智，它也是自由。知识比任何东西更能给人自由。

——屠格涅夫

要学习，甚至从自己的敌人那里去学习怎样做到明智、真实、谦逊，学习怎样避免自视过高，这总不会为时太晚。

——卢梭

人因为博学才谦逊，因为勇于牺牲才力量无比。

——吉卜林

学习对于头脑，如同食物对于身体一样不可缺少。

——西塞罗

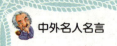

科学

认识真正的科学

科学不问现在和过去，是对一切可能存在事物的观察，预见虽然是渐进的，然而它是对即将发生事物的认识。

——达·芬奇

书本应该依据科学，而不是让科学去依据书本。

——培根

科学是一种谨慎、预知与实用的延伸过程。

——尼采

想喝水时，仿佛能喝下整个海洋似的，这是信仰；等到真的喝起来，一共也只能喝两杯罢了，这是科学。

——契诃夫

引诱肉体的是金钱、领地和闲散的休憩，吸引我灵魂的是科学、知识和理智。

——鲁达基

科学不是为了个人荣誉，不是为了私利，而是为人类谋幸福。

——钱三强

科学的种子，是为了人民的收获而生长的。

——门捷列夫

科学的、真正的、合理的目的在于造福人类，用新的发明和财富丰富人类生活。

——培根

属于一个民族的科学是没有的，就如同乘法表不属于某一个民族一样；只属于一个民族的东西，那就不是科学。

——契诃夫

科学给青年以营养，给老人以慰藉；它让幸福的生活锦上添花，它在你不幸的时刻保护着你。

——罗蒙诺索夫

只要人类能明智地利用科学，那么在创造完美世界的道路上，能做到的事情看来几乎是无止境的。

——罗素

科学是一种强大的智慧的力量，它致力于破除禁锢着我的神秘的桎梏。

——高尔基

科学研究的进展及日益扩大的领域将唤起我们的希望，而存在于人类身心上的细菌也将逐渐消失。

——诺贝尔

努力攀登科学高峰

没有大胆的猜测就不会有伟大的发现。

——牛顿

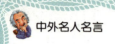

科学成就是一点一滴积累起来的，唯有长时间地积聚，点滴才能汇成大海。

——华罗庚

你的科研领域应满足你的个性，为你内心提供快乐，这样当科研中的沮丧时期不可避免地到来时，你才能安然度过。

——钱永健

科学是老老实实的学问，来不得半点虚假，需要付出艰巨的劳动。

——郭沫若

一个没有想象力的科学家，好像一个拿着钝刀和旧秤的屠夫。

——纪伯伦

科学，绝非轻而易举的事业，只有坚毅的智者才适于从事科学。

——蒙田

要想攀登科学顶峰，先得学会科学常识。

——巴甫洛夫

科学要求每个人有极紧张的工作和伟大的热情。

——巴甫洛夫

科学是老老实实的东西，它要靠许许多多人民的劳动和智慧积累起来。

——李四光

在科学上，每一条道路都应该走一走，发现一条走不通的道路，就是对科学的一大贡献。

——爱因斯坦

攀登科学高峰，就像登山运动员攀登珠穆朗玛峰一样，要克服无数艰难险阻。

——陈景润

攻克科学堡垒，就像打仗一样，总会有人牺牲，有人受伤，我要为科学而献身。

——罗蒙诺索夫

创 新

创新中浸透着伟大

领袖和跟风者的区别就在于创新。

——史蒂夫·乔布斯

创新，是一个美妙的崇高的词眼。创新，是艺术工作者的天职。

——韩天衡

人生不在拼凑，而在创造。

——鲁迅

创新就是创造一种资源。

——彼得·杜拉克

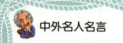

人类的创新之举是极其困难的，因此便把已有的形式视为神圣的遗产。

——蒙森

想出新办法的人在他的办法没有成功以前，人家总说他异想天开。

——马克·吐温

一个具有天才的人具有超人的性格，绝不遵循通常人的思想和途径。

——司汤达

有创新才有发展

我们不能人云亦云，这不是科学精神，科学精神最重要的就是创新。

——钱学森

创新是唯一出路，淘汰自己，否则竞争对手将我们淘汰。

——安迪·格鲁夫

不断变革创新，就会充满青春活力；否则，就可能会变得僵化。

——歌德

独辟蹊径才能创造出伟大的业绩，在街道上挤来挤去不会有所作为。

——布莱克

敢于走前人没有走过的路的拓荒者，永远是不朽的。

——武者小路实笃

创新是科学永恒的生命力。

——阿西莫夫

科学需要幻想，发明贵在创新。

——爱迪生

只有创新才能推动历史前进。

——贝弗里奇

目前，尚无人因模仿而变成伟大的人。

——约翰生

问渠那得清如许？为有源头活水来。

——朱熹

踩着前人的脚印前进，最佳结果也只能是"亚军"。

——李可染

如果学习只在模仿，那么我们就不会有科学，也不会有技术。

——高尔基

如果你要成功，你应该朝新的道路前进，不要跟随被踩烂了的成功之路。

——洛克菲勒

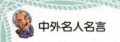

求 知

永不满足对知识的渴求

如果亚运会、世乒赛和奥运会的冠军是我乒乓球生涯的三大满贯，那么清华获取学士学位、诺丁汉大学硕士毕业和取得剑桥博士，就是我要完成的另一项大满贯。

——邓亚萍

我愿意用我所有的科技去换取和苏格拉底相处的一个下午。

——史蒂夫·乔布斯

真正渴求知识的人总能求得知识。

——英国谚语

人不能像走兽那样活着，应该追求知识和美德。

——但丁

吾生也有涯，而知也无涯。

——庄子

知之为知之，不知为不知，是知也。

——孔子

三人行，必有我师焉。

——孔子

敏而好学，不耻下问。

——孔子

人的知识面愈广，人的本身愈臻完美。

——高尔基

学然后知不足，教然后知困。知不足，然后能自反也；知困，然后能自强也。

——戴圣

发奋识遍天下字，立志读尽人间书。

——苏轼

倾囊求知，无人能夺。投资知识，得益最多。

——富兰克林

知识就是力量

知识，只有当它靠积极的思维得来而不是凭记忆得来的时候，才是真正的知识。

——列夫·托尔斯泰

知识改变命运。

——李嘉诚

星星使天空绚烂夺目，知识使人们增长才干。

——民间谚语

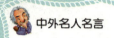

知识的用处就是夜行人的火把。

——阿拉伯谚语

知识就是力量。

——培根

知识是解除恐惧的良药。

——爱默生

光明给我们经验，读书给我们知识。

——奥斯特洛夫斯基

知识与科学领域里的豪情，是世上其他任何豪情都无法与之相拟的。

——希契科克

书是我们时代的生命。

——别林斯基

曹雪芹

 曹雪芹（约1715—约1764），清代小说家，名沾，字梦阮，号雪芹、芹圃、芹溪。他在人生的最后几十年里，以坚韧不拔的毅力，历经10年创作了《红楼梦》这部中国古典小说中伟大的现实主义作品。

世事洞明皆学问，人情练达即文章。

——曹雪芹

心灵中的黑暗必须用知识来驱除。

——卢克莱修

知识是珍贵宝石的结晶，文化是宝石放出来的光彩。

——泰戈尔

无知识的热心，犹如在黑暗中远征。

——牛顿

无知是祸害漫游的黄昏。

——雨果

没有任何力量比知识更强大，用知识武装起来的人是不可战胜的。

——高尔基

知识能塑造人的性格。

——培根

求知可以改进人的天性，而实验又可以改进知识本身，人的天性犹如野生的花草，求知学习好比修剪移栽。

——培根

只要认真地用知识武装起来，你们就会摆脱你们不得不经受的那种沉重的生活，成为一个胜利者。

——高尔基

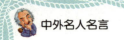
知识有两种，其一是我们自己精通的问题；其二是我们知道在哪里找到关于某问题的知识。

　　　　　　　　　　　　　　　　　　——约翰逊

创 造

生命的精彩在创造中产生

谁有创造，谁就能在历史上占一席之地；谁没有创造，谁就会被历史淘汰。

　　　　　　　　　　　　　　　　　　——潘天寿

生命的第一个行动就是创造。

　　　　　　　　　　　　　　　　　　——罗曼·罗兰

一切生命的意义就在于此——在于创造的刺激。

　　　　　　　　　　　　　　　　　　——罗曼·罗兰

我创造，所以我生存。

　　　　　　　　　　　　　　　　　　——罗曼·罗兰

处处是创造之地，天天是创造之时，人人是创造之人。

　　　　　　　　　　　　　　　　　　——陶行知

生命就是不停地创造。

　　　　　　　　　　　　　　　　　　——泰戈尔

种种文明都可以说是创造冲动的产物。

——夏丏尊

什么是路？就是从没有路的地方践踏出来的，从只有荆棘的地方开辟出来的。

——鲁迅

光明之前有混沌，创造之前有破坏。

——郭沫若

激发自由创造的热情

想别人不敢想的，你已经成功了一半。做别人不敢做的，你就会成功另一半。

——爱因斯坦

人有多大的自由度，就可能有多大的想象力和创造力。

——陈祖芬

创造者所渴求的是成就超人的愿望和射向他的箭。

——尼采

创造新陆地的，不是那滚滚的波浪，却是地底下那细小的泥沙。

——冰心

欢乐的名字是创造。

——希恩

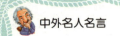

要尊重自己的创造自由，先须尊重别人的创造自由。

——茅盾

真正的创造是不计较结果的，它是一个人的内在力量的自然而然的实现，本身即是享受。

——周国平

思 考

用思考亲近自己

思维世界的发展，在某种意义上说，就是对惊奇的不断摆脱。

——爱因斯坦

今天心里知道的事，明天头脑就明白了。

——詹姆斯·史蒂芬斯

思考的意思是：亲近自己。

——乌纳木诺

思考是人类最大的快乐。

——伽利略

缺少知识就无法思考，缺少思考就不会有知识。

——歌德

谁不用脑子去思索，到头来他除了感觉之外将一无所有。

——歌德

人无远虑，必有近忧。

——孔子

脱离深思熟虑的行动的知识，是死的知识，是毁坏心智的沉重负担。

——杜威

读书不是为了雄辩和驳斥，也不是为了轻信和盲从，而是为了思考和权衡。

——培根

思想不是你要它来它便来，而是由它自己决定它的来去。

——叔本华

我除了知道我的无知这个事实外一无所知。

——苏格拉底

思维是灵魂的自我谈话。

——柏拉图

读书而不思考，等于吃饭而不消化。

——波尔克

掌握正确的思考方式

"思考"应当走到众人前面去，"愿望"不妨留在后面。

——富兰克林

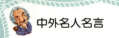

要独立思考问题，不要人云亦云。

——爱默生

尽信书，则不如无书。

——孟子

哲学是思考的显微镜。

——雨果

不要把许多杂乱的词句塞在脑子里，而是要启发了解事物的能力，使之从这种能力之中流泻出来，像从活的泉眼———条溪涧（知识）流出一样。

——夸美纽斯

哲学是别让你的舌头抢先于你的思考。

——德谟克利特

善问和善思是一对孪生兄弟。

——柯罗连科

思考是最伟大的财富

真知灼见，首先来自多思善疑。

——洛克威尔

思考是人类最大的乐趣。

——布莱希特

如果说我对世界有些微薄贡献的话，那不是由于别的，只是由于我的辛勤耐久的思索所致。

——牛顿

和自己的心进行斗争是很难堪的，但这种胜利则标志着这是深思熟虑的人。

——德谟克利特

人是为了思考才被创造出来的。

——帕斯卡

一分钟的思考抵得过一小时的唠叨。

——托马斯·胡德

把时间用在思考上是最能节省时间的事情。

——诺曼·卡曾斯

不下决心培养思考习惯的人，便失去了生活中最大的乐趣。

——爱迪生

伟大不只在事业上惊天动地，他时常不声不响地深思熟虑。

——克雷洛夫

人应当相信，不了解的东西总是可以了解的，否则他就不会再去思考。

——歌德

一个能思考的人，才真是一个力量无穷的人。

——巴尔扎克

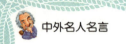

读书

书是生命的源泉

不尽读天下之书，不能相天下之士。

——汤显祖

书是我们时代的生命。

——别林斯基

热爱书吧——这是知识的泉源！

——高尔基

阅读的最大理由是想摆脱平庸，早一天就多一份人生的精彩；迟一天就多一天平庸的困扰。

——余秋雨

养心莫善寡欲，至乐无如读书。

——郑成功

幸好爱看书，不然人生乏味。

——三毛

学会读书，便是点燃火炬；每个字的每个音节都发射火星。

——雨果

书籍是时代的镜子、历史的化石、人类文明的阶梯。

——高占祥

智慧里没有书籍，就好像鸟儿没有翅膀。

——莎士比亚

书籍是改造灵魂的工具。它对于人类之所以必需就在于它是滋补光阴的养料。

——雨果

读书让生命更精彩

阅读——这是最好的学问。

——普希金

读书使人充实，思考使人深邃，交谈使人清醒。

——富兰克林

读书之于心灵，犹如运动之于身体。

——理查德·斯蒂尔

读过一本好书，像交了一个益友，时间过得越长，情谊也就越深厚。

——臧克家

喜欢读书，就等于把生活中寂寞的辰光换成巨大享受的时刻。

——孟德斯鸠

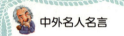

读书愈多，精神就愈健壮而勇敢。

——高尔基

课外阅读，既是思考的大船借以航行的帆，也是鼓帆前进的风。

——苏霍姆林斯基

读了一本书，就像对生活打开了一扇窗户。

——奥斯特洛夫斯基

读书足以怡情，足以博得喝彩，足以长才。

——培根

读书使你聪明，使你开阔眼界，了解人生。

——曹禺

读破万卷书，下笔如有神。

——杜甫

一个家庭中没有书籍，等于一间房子里没有窗户。

——约翰逊

读一切好的书，就是和许多高尚的人谈话。

——笛卡尔

一本新书像一艘船，带领着我们从狭隘的地方，驶向生活的无限广阔的海洋。

——海伦·凯勒

光阴给我们经验，读书给我们知识。

——奥斯特洛夫斯基

•名人故事

居里夫人的一位朋友曾应邀到她家里做客，走进屋里竟看见居里夫人的小女儿正在玩弄英国皇家协会刚刚授予居里夫人的一枚金质奖章，不禁大吃一惊，马上对居里夫人说："现在能够得到一枚英国皇家协会的金质奖章，是极高也是非常难得的荣誉，你怎么能给孩子玩呢？"居里夫人笑了笑，说："我就想让孩子们从小知道，荣誉就像玩具，只能玩玩而已，决不能永远守着它，否则就会一事无成。"

选择恰当的读书方式

真正有读书风气的时代，读书是个人的事情。

——周国平

冰心

冰心（1900—1999），原名谢婉莹，笔名冰心。现代著名诗人、作家、翻译家、儿童文学家，被称为"世纪老人"。

读书好，好读书，读好书。

——冰心

欲读天下之奇书，须明天下之大道。

——蒲松龄

读书欲精不欲博，用心欲专不欲杂。

——黄庭坚

我扑在书籍上，像饥饿的人扑在面包上一样。

——高尔基

不动笔墨不读书。

——徐特立

读书之法，在循序而渐进，熟读而精思。

——朱熹

好读书，不求甚解；每有会意，便欣然忘食。

——陶渊明

读书时，我愿在每一个美好思想的面前停留，就像在每一条真理面前停留一样。

——爱默生

读万卷书，行万里路。

——顾炎武

旧书不厌百回读，熟读深思子自知。

——苏轼

吾尝终日而思矣，不如须臾之所学也。

——荀子

为人·处世篇

诚 信

诚信拥有无形的力量

以信接人，天下信之；不以信接人，妻子疑之。

——杨泉

没有诚实何来尊严？

——西塞罗

小信诚则大信立。

——韩非

信用既是无形的力量，也是无形的财富。

——松下幸之助

以诚待人，别人也会以诚相见。

——池田大作

人而无信，不知其可也。

——孔子

若有人兮天一方，忠为衣兮信为裳。

——卢照邻

伟大诚实是雄辩的利斧。

——罗曼·罗兰

你必须以诚待人，别人才会以诚相报。

——李嘉诚

诚者，圣人之本。

——周敦颐

诚实是人生的命脉，是一切价值的根基。

——德莱塞

走正直诚实的生活道路，必定会有一个问心无愧的归宿。

——高尔基

一个人严守诺言，比守卫他的财产更重要。

——莫里哀

人性的尊严与光荣不在精明而在诚实。

——蒙森

对人对事都要坚持诚信

不诚则欺心而弃己，与人不诚则丧德而增怨。

——程颐

实话是我们最宝贵的东西，我们节省着使用吧。

——马克·吐温

遵守诺言就像保卫你的荣誉一样。

——巴尔扎克

肯说真话，敢驳假话，不说谎话。

——陶行知

一个人要表现最高的真诚，就必须做到无事不可对人言。

——泰戈尔

大丈夫以信义为重。

——罗贯中

诚信是天地之正道

诚实而无知，是软弱的、无用的；然而有知识而不诚实，却是危险的、可怕的。

——约翰逊

先相信你自己，然后别人才会相信你。

——屠格涅夫

在只能说谎与沉默两者之间选择，沉默也是好的。

——何其芳

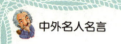

如果我丧失了真理和诚实，就等于和我的敌人一起击败了我自己。

——莎士比亚

巧诈不如拙诚。

——韩非

无论谁，只要说一句谎话，他就失去了纯洁的心。

——贝多芬

言必信，行必果。

——墨子

诚实的人必须对自己守信，他的最后靠山就是真诚。

——爱默生

真话说一半常是弥天大谎。

——富兰克林

诚者，天之道也；思诚者，人之道也。

——孟子

心口如一，犹不失为光明磊落丈夫之行也。

——梁启超

诚实的人从不为自己的诚实而感到后悔。

——托富勒

101

生命不可能从谎言中开出灿烂的鲜花。

——海因里希·海涅

团 结

---团结创造智慧与力量---

将知识的力量、团结的力量加上献身精神的力量结合起来，我们将无往而不胜。

——徐冠仁

一致是强有力的，而纷争易于被征服。

——伊索

单矢易断，众矢难折。

——闻一多

共同的事业，共同的斗争，可以使人们产生忍受一切的力量。

——奥斯特洛夫斯基

上下同欲者胜。

——孙武

唯有具备强烈合作精神的人，才能生存，并创造文明。

——泰戈尔

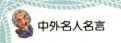

能用众力则无敌于天下；能用众智则无畏于圣人矣。

——孙权

谁若脱离集体，谁的命运就要悲哀。集体什么时候都能提高你，并且使你两脚站得稳。

——奥斯特洛夫斯基

团队精神是事业成功的保证

不管努力的目标是什么，不管他干什么，他单枪匹马总是没有力量的。合群永远是一切善良的人的最高需要。

——歌德

个人如果单靠自己，如果置身于集体的关系之外，置身于任何团结民众的伟大思想的范围之外，就会变成怠惰的、保守的、与生活发展相敌对的人。

——高尔基

要永远觉得祖国的土地稳固地在你脚下，要与集体一起生活，要记住，是集体教育了你。哪一天你若脱离集体，那便是末路的开始。

——奥斯特洛夫斯基

一滴水只有放进大海里才永远不会干涸，一个人只有当他把自己和集体事业融在一起的时候才最有力量。

——雷锋

幽 默

幽默的真实表现

幽默被公正地誉为最佳诗才。

——卡莱尔

你可以假装严肃，却无法假装诙谐。

——萨夏·吉特里

真正的幽默板着面孔，而周围的人们却围着它笑；虚假的幽默本身笑个不停，而周围的人们却板着面孔。

——爱迪生

在幽默的领域里，重复的威力是很大的。几乎任何一个用词确切、一成不变的习惯用语，只要每隔一段时间郑重地重复它五六次，最后总是逼得人家忍不住笑起来。

——马克·吐温

最出色的幽默和讽刺往往是无意识的。

——塞缪尔·巴特勒

幽默，可以说是一个敏锐的心灵，在精神饱满、意趣洋溢时的自然流露。

——余光中

幽默是最高级的笑的形式，同时它是向悲剧过渡的喜剧。

——科林伍德

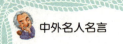

幽默是心灵的微笑。最深刻的幽默是一颗受了致命伤的心灵发出的微笑。

——周国平

幽默多一分便成为油滑，幽默少一分则成为做作。

——刘心武

使你发笑的人，滑稽；使你想了一下才笑的，幽默。

——普拉斯

幽默和风趣是智慧的闪现。

——莎士比亚

人的才能不一样，有的人会幽默，有的人不会，不会幽默的人最好不必勉强。

——老舍

幽默带给人乐观与希望

可以说，诙谐幽默是人们在社交场合所穿的最漂亮的服饰。

——萨克雷

挖苦是不健康的幽默。

——赫·乔·威尔斯

有幽默感的人不会让人厌弃，有幽默感的话题不会给人压力。

——池田大作

预先构思好的幽默往往显得笨拙。灵机一动的幽默往往更加精妙。

——刘心武

没有幽默滋润的国民，其文化必日趋虚伪，生活必日趋欺诈，思想必日趋迂腐，文学必日趋干枯，而人的心灵必日趋顽固。

——林语堂

幽默感就是分寸感。

——纪伯伦

幽默当然用笑来发泄，但是笑未必就表示着幽默。

——钱锺书

人生没有幽默，就像春天没有鲜花。

——池田大作

正义

社会需要正义的力量

正义的目的，是赋予每一个人应得的权益。

——西塞罗

主持正义是政府最坚实的支柱。

——华盛顿

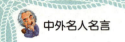

世界上没有像正义那样真正伟大而神圣的德行。

——亚里士多德

多行不义必自毙，子姑待之。

——左丘明

以仁安义，以义正我。

——董仲舒

就是因为有了正义感，人才成为人，而不成为狼。

——培根

马丁·路德·金

　　马丁·路德·金（1929—1968），将"非暴力"和"直接行动"作为社会变革方法的最为突出的倡导者之一，1963年8月28日在林肯纪念堂前发表《我有一个梦想》的演说，1964年获得诺贝尔和平奖。

任何一地的不公正，对于无论何地的公正，都是一种威胁。

——马丁·路德·金

政府坚实的基础是公正，不是怜悯。

——威尔逊

即使全世界都毁灭了，正义也是不能没有的。

——罗曼·罗兰

正义本相难定论

对大多数人而言，爱好正义只是唯恐自己遭受冤屈而已。

——拉罗什富科

正义是一台机器，一旦有人把它推一下，它就会自己开始旋转下去。

——高尔斯华绥

不自由，就不可能有正义。

——威尔逊

正义没有武力是无能；武力没有正义是暴政。

——帕斯卡

尊 重

自尊自爱是人的道德基础

君子和而不同，小人同而不和。

——孔子

为人粗鲁意味着忘记了自己的尊严。

——车尔尼雪夫斯基

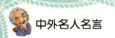

无论是别人在跟前或者自己单独的时候，都不要做卑劣的事情：最要紧的是自尊。

——毕达哥拉斯

人要想对自己的尊严有所觉悟，就必须谦虚。

——汤因比

自尊心是一个人品德的基础。若失去了自尊心，一个人的品德就会瓦解。

——斯托夫人

自尊自爱，作为一种力求完善的动力，是一切伟大事业的渊源。

——屠格涅夫

人应尊敬他自己，并应自视能配得上最高尚的东西。

——黑格尔

自尊，迄今为止一直是少数人所必备的一种德性。凡是在权利不平等的地方，它都不可能在服从于其他人统治的那些人的身上找到。

——罗素

没有自我尊重，就没有道德的纯洁性和丰富的个性精神。对自身的尊重、荣誉感、自豪感、自尊心——这是一块磨炼细腻感情的砥石。

——苏霍姆林斯基

各美其美，美人之美，美美与共，天下大同。

——费孝通

敬人者，人恒敬之

尊重别人的长处，在任何情况下都平等待人的人，才是道德高尚的人。

——苏霍姆林斯基

仁者必敬人。

——荀子

君子贵人而贱己，先人而后己。

——戴圣

我们之所以爱一个人，是因为我们认为那个人具有我们所尊重的品质。

——卢梭

尊重人不应该胜于尊重真理。

——柏拉图

爱人者，人恒爱之；敬人者，人恒敬之。

——孟子

只有尊敬他人，自己才能够受到尊敬。

——爱迪生

尊敬别人就是尊敬自己。

——高尔斯华绥

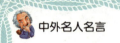

对孩子要尊重，不要过多地在他们面前施展父母的威严，他们单独待着的时候，不要去打搅他们。

——爱默生

人与人之间要互敬互爱

卑己而尊人是不好的，尊己而卑人也是不好的。

——徐特立

只知道他自己尊严的人，他就完全不能尊重别人的尊严。

——席勒

对人不尊敬的人，首先就是对自己不尊重。

——陀思妥耶夫斯基

尊重生命、尊重他人，也尊重自己的生命，是生命进程中的伴随物，也是心理健康的一个条件。

——弗洛姆

对于应尊重的事物，我们应当或是缄默不语，或是大加称颂。

——尼采

要尊重每一个人，不论他是何等卑微与可笑。要记住活在每个人身上的是和你我相同的性灵。

——叔本华

我们的一切事业都只趋向于两个目的：为了自己生活的安乐和在众人之中受到尊敬。

——卢梭

所需要的不是相互间的爱，那么至少也是相互间的尊重、相互间的信任，以及彼此相处的绝对正直。

——契诃夫

真 诚

待人接物要有真诚的态度

真诚是处世行事的最好方法。

——帕特里克·怀特

我希望我将具有足够的坚定性和美德，借以保持所有称号中，我认为最值得羡慕的称号：一个真诚的人。

——华盛顿

诚者既不怕光也不怕黑暗。

——托富勒

君子养心，莫善于诚。

——荀子

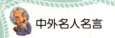

称许要真诚，赞美要慷慨。这样人们就会珍惜你的话，把它们视为珍宝，并且一辈子都要重复着它们——在你已经遗忘以后，还重复着它们。

——戴尔·卡耐基

真者，精诚之至也，不精不诚，不能动人。

——庄子

真诚是玻璃，谨慎是钻石。

——中国名言

见其诚心而金石为之开。

——刘向

学贵信，信在诚。诚则信矣，信则诚矣。

——程颐

真诚的关心，让人心里那股高兴劲儿就跟清晨的小鸟迎着春天的朝阳一样。

——高尔基

真诚是一切价值的根基

诚者，天之道也；思诚者，人之道也。

——孟子

116

唯天下至诚，方能经纶天下之大经，立天下之大本。

——子思

世界上没有比真诚更可贵的了。

——西塞罗

没有一种遗产能像真诚那样丰富的了。

——莎士比亚

一两重的真诚，其值等于一吨重的聪明。

——德国谚语

真诚是人生的命脉，是一切价值的根基。

——德莱塞

真诚是一座阶梯，也是达到认识之前的手段之一。

——尼采

真诚与朴实是天才的宝贵品质。

——斯坦尼斯拉夫斯基

真诚是通向荣誉之路。

——左拉

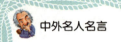

人生·理想篇

生 命

善待生命，享受人生

一个人只要不讨厌自己，是不该怕无聊的。不读别的书，正好仔细读自己的灵魂这本书。

——周国平

假如生命是无趣的，我怕有来生；假如生命是有趣的，今生已是满足的了。

——冰心

懂得生命真谛的人，可以使短促的生命延长。

——意大利谚语

生命不可能有两次，但许多人连一次也不善于度过。

——吕凯特

人的真正生命是人自己制作出来的，同时也是自身消耗的。

——列夫·托尔斯泰

生命的目的，是在生活中跟自然协调一致。

——芝诺

我们得到生命的时候附带有一个不可缺少的条件：我们应当勇敢地捍卫生命，直到最后一分钟。

——狄更斯

生命不仅是生活，而且是健康的享受。

——尼古拉·雅科夫列维奇·马尔

真正的圣者的信条是善用生命，充分地利用生命。

——赫伯特

当我活着时，我要做生命的主宰，而不做它的奴隶。

——惠特曼

使一个人的有限生命更加有效，也即等于延长了人的生命。

——鲁迅

我们的生命虽然短暂而且渺小，但是伟大的一切都由人的手所创造。

——屠格涅夫

利用生命，绽放光彩

虽然我这么多年没有跳过舞，但是我一直没有停止生命的舞蹈，我想生命的舞蹈可能比现实的舞蹈更美丽。

——张海迪

生命中最重要的不是你获得了什么，而是你克服了什么。

——泰格·伍兹

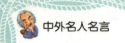

我自己也和我过去的灵魂告别了，我把它当作空壳似的扔掉了。生命是连续不断的死亡与复活。

——罗曼·罗兰

生命在闪光中见绚烂，在平凡中见真实。

——西恩·帕克

伽利略

伽利略（1564—1642），近代实验科学与机械唯物主义的奠基者之一，是意大利文艺复兴后期伟大的天文学家、力学家、哲学家、物理学家、数学家，也是近代实验物理学的开拓者，被誉为"近代科学之父"。

生命有如铁砧，愈被敲打，愈能发出火花。

——伽利略

我们的生命像世界的协奏曲，由相异的因素组成，美妙的和刺耳的，尖锐的和平展的，活泼的和庄严的。

——蒙田

要交出生命是很容易的事情，但是困难却在如何使这生命像落红一样化作春泥，还可以培养花树，使来春再开出灿烂的花朵。

——巴金

尊重生命，珍爱生命

内容充实的生命就是长久的生命。我们要以行为而不是以时间来衡量生命。

——塞涅卡

若得不到丰富的、充实的生命，那么活着与死亡又有什么区别？

——巴金

我存在，乃是所谓生命的一个永久的奇迹。

——泰戈尔

我们全都是短命人，回忆者和被回忆者全都一样。

——马可·奥勒留

生命的用途并不在长短而在我们怎样利用它。许多人活的日子并不多，却活得很长久。

——蒙田

寿命的缩短与思想的虚耗成正比。

——达尔文

世界上只有一种英雄主义，那就是了解生命而且热爱生命的人。

——罗曼·罗兰

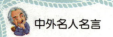

诺贝尔

　　诺贝尔（1833—1896），瑞典化学家、工程师、发明家、军工装备制造商和炸药的发明者。在他的遗嘱中，他利用他的巨额财富创立了诺贝尔奖，各种诺贝尔奖项均以他的名字命名。

生命，那是大自然给人类去雕琢的宝石。

——诺贝尔

要真正体验生命，你必须站在生命之上。

——尼采

我们的生命由于我们的愚昧而普遍缩短了。

——斯宾塞

生命只是荷叶上的露珠而已。

——泰戈尔

生命是一张弓，那弓弦是梦想。

——罗曼·罗兰

人们说生活是短暂的，我认为是他们自己使生命那样短暂的。

——卢梭

当你面临夭折时你就会意识到，生命是宝贵的，你有大量的事情要做。

——霍金

人生像曲曲折折的山涧流水，断了流却又滚滚而来。

——约翰·波普

所有的理论都是灰色的，而宝贵的生命之树常青。

——歌德

生命是唯一的财富。

——罗斯金

重要的是如何生存，而不是如何死亡。

——约翰逊

不要在疑惧中浪费生命。

——爱默生

希望

希望是生命的灵魂

希望是生命的源泉，失去它生命就会枯萎。

——富兰克林

希望是热情之母，它孕育着荣誉，孕育着力量，孕育着生命。一句话，希望是世间万物的主宰。

——普列姆昌

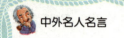

希望在任何时候都是一种支撑生命的安全力量。

——莎士比亚

希望是生命的灵魂，心灵的灯塔，成功的向导。

——歌德

鼓舞人前进的是希望，而不是失望。

——巴金

希望里蕴藏着极大的力量，能使志向和幻想成为事实。

——弥尔顿

希望会使你年轻，因为希望和青春是同胞兄弟。

——雪莱

希望是永远的喜悦，有如人类拥有的土地，是每年都收获、绝不会耗尽的确定财产。

——斯蒂文森

希望之"桥"就是从"信心"这个词开来的——而这是一条把我们引向无限博爱的桥。

——安徒生

生活处处充满希望

世事之乐不在于实行而在于希望，犹似风景之美不在其中而在其外。

——丰子恺

希望是对未来荣耀的某种期待。

———但丁

没有了希望，一个人就不能维持他的信仰，保守他的精神，或保全他的内心纯洁。

———巴尔扎克

在生活中应当抱有莫大的希望，并以热情和毅力来开拓自己的希望。

———雷马克

希望是全人类共有的东西，即使是不名一文的乞儿也有。

———泰勒斯

在任何情况中，希望都是不可或缺的。

———约翰逊

强大的勇气，崭新的意志———这就是希望。

———路德

莫泊桑

莫泊桑（1850—1893），19世纪后半期法国优秀的批判现实主义作家，与契诃夫和欧·亨利并称"世界三大短篇小说巨匠"，对后世产生极大影响，被誉为"短篇小说之王"。

人生活在希望之中。

———莫泊桑

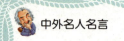

人生是海洋，希望是舵手的罗盘，使人们在暴风雨中不致迷失方向。

——狄德罗

当你的希望一个个落空，你也要坚定，要沉着！

——朗费罗

没有希望便没有恐惧，没有恐惧也就不会有希望。

——斯宾诺莎

生活在前进。它之所以前进，是因为有希望在；没有了希望，绝望就会把生活毁掉。

——特罗耶波尔斯基

人类的希望像是一颗永恒的星，乌云掩不住它的光芒。特别是在今天，和平不是一个理想，一个梦，它是万人的愿望。

——巴金

希望就在脚下

明天的希望，让我们忘了今天的痛苦。

——李嘉诚

幸运的不是始终去做你所希望做的事，而是始终希望达到你所做的事情的目的。

——列夫·托尔斯泰

希望是本无所谓有，无所谓无的。这正如地上的路，其实地上本没有路，走的人多了，也便成了路。

——鲁迅

最愚蠢的莫过于把希望寄托在别人身上。

——肯比斯

把希望建筑在意欲和心愿上面的人，二十次中有十九次都会失望。

——大仲马

我们应该不要让自己的畏惧阻挠我们去追求自己的希望。

——肯尼迪

希望是坚韧的拐杖，忍耐是旅行袋，携带它们，人可以登上永恒之旅。

——罗素

人 生

多样人生，多样生活

苦难是人生最好的老师。

——巴尔扎克

人生是跋涉，也是旅程；是等待，也是相逢；是探险，也是寻宝；是眼泪，也是歌声。

——汪国真

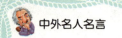

人生犹如一本书，愚蠢者草草翻过，聪明人细细阅读。为何如此？因为他们只能读它一次。

——保罗

人生实在是一本书，内容复杂，分量沉重，值得翻到个人所能翻到的最后一页，而且必须慢慢地翻。

——沈从文

我们要把人生变成一个科学的梦，然后再把梦变成现实。

——居里夫人

丑角也许比英雄更知人生的辛酸。

——周国平

人生据说是一部大书。假使人生真是这样，那么，我们一大半作者只能算是书评家。

——钱锺书

·名人故事

物理学家安培思考科学问题时专心致志。有一次他正去往学校，边走边思索一个电学问题。经过塞纳河边时，他随手捡起一块鹅卵石装进口袋。过了一会儿，又从口袋里掏出来扔到河里。到学校后，他习惯性地掏怀表看时间，拿出来的却是一块鹅卵石。原来，怀表已被他扔进了塞纳河。

感悟人生之真谛

你要活得随意些，你就只能活得平凡些；你要活得辉煌些，你就只能活得痛苦些；你要活得长久些，你就只能活得简单些。

——席慕蓉

人生不是一支短短的蜡烛，而是一支由我们暂时拿着的火炬，我们一定要让它燃得十分光明灿烂，然后交给下一代。

——萧伯纳

对于我来说，生命的意义在于设身处地替人着想，忧他人之忧，乐他人之乐。

——爱因斯坦

人生最终的价值在于觉醒和思考的能力，而不只在于生存。

——亚里士多德

真正的人生，只有在经过艰苦卓绝的斗争之后才能实现。

——塞涅卡

曹操

曹操（155—220），东汉末年著名的军事家、政治家和文学家，被封为魏王。三国时期魏国的奠基人，其子曹丕称帝后，追尊他为魏武帝。

对酒当歌，人生几何；譬如朝露，去日苦多。

——曹操

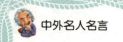

笑面人生，笑对生活

一个尝试错误的人生不但比无所事事的人生更荣耀，而且更有意义。

——萧伯纳

应该笑着面对生活，不管一切如何。

——伏契克

谁踏踏实实地看待人生，谁就能将人生看透。

——马·阿诺德

恒 心

万事从来贵有恒

伟大的事业根源于坚韧不断地工作，以全副精神去从事，不避艰苦。

——罗素

前途并不属于那些犹豫不决的人，而是属于那些一旦决定之后，就不屈不挠、不达目的誓不罢休的人。

——罗曼·罗兰

不要怕出错，也不要畏惧挑战，你应该坚持到底，在出人头地的过程中努力再努力。

——比尔·盖茨

治学，做研究工作，必须持之以恒，不怕失败。摔倒了，爬起来，想一想，再前进。

——华罗庚

积累知识在于勤，学问渊博在于恒。

——雨果

要刻苦钻研，要坚持，持之以恒。三天打鱼，两天晒网的人学不好，在学习上想走捷径的人学不会。

——徐特立

不管是砌砖还是当作家，都应该选择一把椅子，然后坚持不懈。

——帕瓦罗蒂

做学问要花工夫，持之以恒，日积月累。

——吴玉章

最可怕的敌人，就是自己没有坚定的信念和顽强的毅力。

——罗曼·罗兰

世上缺乏的是毅力，而非气力。

——雨果

毅力是永恒的享受。

——布莱克

耐心和持久胜过激烈和狂热。

——拉封丹

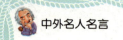

胜利属于有恒心的人

恒心是达到目的最近的通道。

——劳伦斯

胜利者不一定是跑得最快的人，而是最能耐久的人。

——富兰克林

耐心和恒心总会得到回报的。

——爱因斯坦

成功的秘诀，在于永不改变既定的目标。

——卢梭

一个人如果做事没有恒心，他是任何事也做不成功的。

——牛顿

常常是最后一把钥匙打开了门。

——钱学森

恒心是达到目的最近的通道。

——劳伦斯

一朝开始便永远能够将事业继续下去的人是幸福的。

——赫尔克

所有坚韧不拔的努力迟早会得到报酬的。

——安格尔

做一件事，无论大小，倘无恒心，是很不好的。

——鲁迅

成功的秘诀在于恒心。

——狄斯雷利

许多赛跑者失败，都是失败在最后的几步。跑"应该跑的路"已经不容易，"跑到尽头"当然更难。

——苏格拉底

要在这个世界上获得成功，就必须坚持到底。

——伏尔泰

成大事不在于力量的大小，而在于能坚持多久。

——约翰逊

告诉你我达到目标的奥秘吧，我唯一的力量就是我的坚持精神。

——巴斯德

只有恒心可以使你达到目的，只有博学可以使你明辨世事。

——席勒

只有持之以恒，知识丰富了，终能发现其奥秘。

——杨振宁

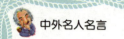

不要失去信心，只要坚持不懈就终会有成果。

——钱学森

行 动

心动不如行动

我是不会等待以后的，因为并不是所有的人都有以后。

——沙奎尔·尼尔

一旦做出决定就不要拖延，任何事情想到就去做！立即行动！

——比尔·盖茨

一个人既有打算，若不迅速行动，必后悔莫及。

——但丁

一切都靠一张嘴来做而丝毫不实干的人，是虚伪和假仁假义的。

——德谟克利特

人生来是为行动的，就像火光总向上升腾，石头总往下落一样。对人来说，无行动，就等于他并不存在。

——伏尔泰

每个人都知道，把语言化为行动，比把行动化为语言困难得多。

——高尔基

我听到的会忘掉，我看到的能记住，我做过的才真正明白。

——李开复

行动不一定每次都带来幸运，但坐而不行，一定无任何幸运可言。

——狄斯雷利

不登高山，不知天之高也；不临深溪，不知地之厚也。

——荀子

对于生活，必须有一贯的、巨大的、使它变得有生气的行动。

——高尔基

行动是老子，知识是儿子，创造是孙子。

——陶行知

单是说不行，要紧的是做。

——鲁迅

一件事情，一旦着手，不达目的，决不罢休。

——莎士比亚

应该记住，我们的事业需要的是手，而不是嘴。

——童第周

你的选择是做或不做，但不做就永远不会有机会。

——李嘉诚

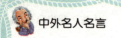

行动不一定带来快乐，但是没有行动就绝没有快乐。

——狄斯雷利

期望而不行动，孕育着灾难。

——布莱克

用正确思想指导行动

什么事都想干的人什么事也干不好。

——托富勒

每事浅尝辄止，结果一事无成。

——蒙田

最可怕的事莫过于行动中的无知。

——伊拉斯谟

己所不欲，勿施于人。

——孔子

迈步之前不要只试脚下的地面，只有注视远处地平线的人才能找到正确的道路。

——哈马舍尔德

行动决定兴废去留，在行动中，我们才有所扬弃。

——尼采

错误的思想迟早会导致错误的行动。

——赫胥黎

最重要的就是不要去看远方模糊的东西，而要做手边清楚的事。

——戴尔·卡耐基

若你已有承担一切后果的准备，就能去做世上的任何事情。

——毛姆

主动性是指在没有人告诉你的情况下去做合适的事情。

——阿尔伯特·哈伯德

有什么样的行为就有什么样的名声。

——亚里士多德

我们的行为决定了我们的人品，正如我们的人品决定了我们的行为。

——艾略特

成功始于行动

成功开始于想法，但是，只有这样的想法，却没有付出行动，还是不可能成功。

——比尔·盖茨

行动是通往知识的唯一道路。

——萧伯纳

现实是此岸，理想是彼岸，中间夹着湍急的河流，行动却是架在河上的桥梁。

——克雷洛夫

垂大名于万世者，必先行之于纤微之事。

——陆贾

一切伟大的行动和一切伟大的思想，都拥有一个微不足道的开始。

——加缪

人的行动比语言文字更能表现自己。

——安德烈·纪德

"我试试"，则每日皆成大事，而"我不行"，则一事无成。

——罗塞蒂

只要你学会不去做你做不到的事，你就能获取你所需要的一切。

——阿尔伯特·哈伯德

财 富

精神是最伟大的财富

人身上最值钱的，是大脑中的知识。

——郁达夫

知足是天赋的财富，奢侈是人为的贫穷。

——苏格拉底

伟大的思想能变成巨大的财富。

——塞内加

尽管贫穷却感到满足的人是富有的，而且非常富有。而那些尽管富有，却整天担心什么时候会变穷的人才凋零得像冬天的世界。

——莎士比亚

财富并不是永久的朋友，但朋友却是永久的财富。

——列夫·托尔斯泰

当一个人真正觉悟的一刻，他放弃追寻外在世界的财富，而开始追寻他内心世界的真正财富。

——李嘉诚

道德和才艺是远胜于富贵的资产。

——莎士比亚

财富掌握在意志薄弱、缺乏自制、缺乏理性的人手中，就会成为一种诱惑和一个陷阱。

——斯迈尔斯

甘于守贫是一个人的巨大财富。

——卢克莱修

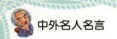
财富为聪明人服务，傻瓜却受其支配。

——汉斯·夏隆

财富是个好仆人，但财富作为主人，则是最坏的东西。

——培根

财富是美德的包袱。

——培根

财富并不属于拥有它的人，而属于享用它的人。

——富兰克林

如果我们能支配我们的财富，我们就会富裕而自由；如果我们的财富支配了我们，我们就会真正贫穷。

——艾德蒙·伯克

随着财富的增加，越来越多的烦恼、欲望和贪婪也随之产生。

——贺拉斯

多余的财富只能买来不需要的东西。

——梭罗

财宝如火，你认为它是最有用的仆人，但转瞬之间它就摇身变成可怕的主人。

——卡莱尔

对财产先入为主的观念，比其他事更能阻止人们过自由而高尚的生活。

——罗素

蔑视财富的人相当多，不过，懂得施舍财富的却寥寥无几。

——罗斯金

我绝对相信，在这个世界上，财富绝不能使人类进步。

——爱因斯坦

聚敛财富也即自寻烦恼。

——富兰克林

世间物质能够满足人的需要，却不能满足人的贪婪。

——甘地

君子爱财，取之有道

是我的钱，一元钱我都要；不是我的钱，送到门口，我也不会要。

——李嘉诚

恩赐的东西是不牢靠的，凡是恩赐的东西，它都可能随时被恩赐者收回。

——大仲马

财富只有当它为人的幸福服务时，它才算作财富。

——苏霍姆林斯基

君子爱财，取之有道。

——《增广贤文》

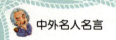
劳动是财富之父，土地是财富之母。

——威廉·配第

人类的劳动是唯一真正的财富。

——法朗士

凡是不照社会成规得来的财产，我们不可能心安理得地享受。

——巴尔扎克

通过辛勤工作获得财富才是人生的大快事。

——巴尔扎克

一切财富都来自劳动和知识。

——欧文

贫困固然不方便，但过富也不一定是好事，必须依靠自己的力量，谋生求活。

——居里夫人

靠艰苦的劳动比靠侥幸走运更可能致富。

——伊索

任何个人财富都不能成为个人最终的生命价值。

——培根

成 功

好心态是成功的关键

最成功的人往往就是敢冒大险的人。

——斯威夫特

一个人如果做事没有恒心，他是任何事也做不成功的。

——牛顿

只有把抱怨环境的心情化为上进的力量，才是成功的保证。

——罗曼·罗兰

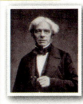

法拉第

法拉第（1791—1867），英国物理学家、化学家，也是著名的自学成才的科学家。1831年，他发现电磁感应现象，从而确定了电磁感应的基本定律，为现代电工学奠定了基础。

拼命去争取成功，但不要期望一定成功。

——法拉第

在一切有困难的交涉中，不可希冀一边下种一边收割，而应当对所有的事妥为准备，好让它渐渐成熟。

——培根

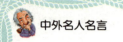
烦恼与欢喜，成功和失败，仅系于一念之间。

————大仲马

在成功面前，首先想到的是获得成功之前的挫折和教训，而不是成功的赞扬和荣誉。

————巴甫洛夫

成功的重要因素

成功就是成为最好的你。成功第一步：把握人生目标，做一个主动的人；成功第二步：尝试新的领域，发掘你的兴趣；成功第三步：针对兴趣，定阶段性目标。

————李开复

良好的开端是成功的一半。

————亚里士多德

一朵成功的花都是由许多雨、血、泥和强烈的暴风雨的环境培养成的。

————冼星海

要有自信，然后全力以赴。假如具有这种观念，任何事情十之八九都能成功。

————威尔逊

成功的唯一秘诀—坚持最后一分钟。

————柏拉图

如果在自己非常想要做的事情上未能成功，不要立刻放弃并接受失败，试试别的方法。

——戴尔·卡耐基

如果你希望成功，当以恒心为良友，以经验为参谋，以当心为兄弟，以希望为哨兵。

——爱迪生

成功不在于有无天资，而在于有无理想。

——德田虎雄

季羡林

季羡林（1911—2009），中国著名文学家、语言学家、教育家、社会活动家、翻译家和散文家，精通12国语言。曾任中国科学院哲学社会科学部委员、北京大学副校长、中国社科院南亚研究所所长。

天资+勤奋+机遇=成功。

——季羡林

如果你问一个善于溜冰的人怎样获得成功时，他会告诉你："跌倒了，爬起来。"这就是成功。

——牛顿

有些人成功是因为命运注定，但是大多数人成功是因为他们立志如此。

——狄更斯

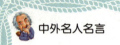

成功的秘诀很简单，无论何时，不管怎样，我也决不允许自己有一点点灰心丧气。

——爱迪生

成功的秘诀，在于永不改变既定的目标。

——卢梭

可以说成功要靠三件事才能赢得：努力，努力，再努力。

——哈代

成功的秘诀，是养成迅速去做的习惯。

——劳伦斯

只有耐心圆满完成简单工作的人，才能够轻而易举地完成困难的事。

——席勒

获得成功有两个重要的前提：一是坚决，二是忍耐。

——比尔·盖茨

最有希望的成功者，并不是才干出众的人，而是那些最善于利用每一个时机去发掘开拓的人。

——苏格拉底

成功不在于闹街上的喧嚣，也不在于人群中的欢呼与喝彩，而在于我们自己。

——朗费罗

大多数的人本来都能在小事上取得成功，如果他们不是被雄心壮志干扰的话。

——朗费罗

有些人成功是由于知识渊博；有些人成功是由于行为高尚；很少有人不加努力使能成功。

——阿尔伯特·哈伯德

成功的奥秘在于多动手。

——杨振宁

我成功，因为志在要成功，我未尝踌躇。

——拿破仑

成功是一个社会概念，一个直接面对上天和自己的人是不会太看重它的。

——周国平

·名人故事

一天，苏轼和佛印大师乘船游览瘦西湖，佛印突然拿出一把题有东坡居士诗词的扇子扔到河里，并大声道："水流东坡诗（尸）！"当时苏轼愣了一下，但很快就笑了，并指着河岸上正在啃骨头的一只狗，吟道："狗啃河上（和尚）骨！"

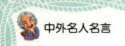

立 志

百学须先立志

水激石则鸣，人激志则宏。

——秋瑾

不怕没有机会，只怕没有志气。

——茅盾

哀莫大于心死，愁莫大于无志。

——庄子

非学无以广才，非志无以成学。

——诸葛亮

立志是一件很重要的事情。工作随着志向走，成功随着工作来，这是一定的规律。

——巴斯德

大丈夫必有四方之志。

——李白

故立志者，为学之心也；为学者，立志之事也。

——王阳明

立志须存千载想，闲谈无过五分钟。

——沈钧儒

没有志向的人，就好比没有动力的船，只能随波逐流。

——倪海曙

一个人如果胸无大志，即使有再壮丽的举动也称不上是一个伟人。

——拉罗什富科

没有志向的青年，就像断线的风筝，只会在空中东摇西晃，最后必然丧失前程。

——罗曼·罗兰

人若有志，万事可为。

——斯迈尔斯

志不强者智不达

有非凡志向，才有非凡成就。

——比尔·盖茨

燕雀安知鸿鹄之志。

——司马迁

志不强者智不达。

——墨子

志向和热爱是伟大行为的双翼。

——歌德

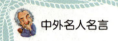

刘禹锡

　　刘禹锡（772—842），唐代文学家，以豪迈、开朗、倔强、幽默而闻名于世。他的诗歌反映了中唐政治生活的重大事件，倾向鲜明，有较强的现实意义。

少年负志气，信道不从时。

——刘禹锡

立大志，求大智，做大事。

——陶行知

少年立志要远大，持身要紧严。立志不高，则溺于流俗；持身不严，则入于匪辟。

——张履祥

男儿不展风云志，空负天生八尺躯。

——冯梦龙

没有雄心斗志的人，他们的生活缺乏伟大的动力，自然不能盼望他们会有杰出的成就。

——华罗庚

朝着一定目标走去是"志"，一鼓作气中途绝不停止是"气"，两者合起来就是"志气"。一切事业的成败都取决于此。

——戴尔·卡耐基